Elke Rottmann

Schutzbereich und Gewährleistungsbereich der Grundrechte

Grundrechtsdogmatische und rechtsstaatliche
Überlegungen auf Basis der Analyse
des Glykolurteils des BVerfGs

Diplomica® Verlag GmbH

Rottmann, Elke: Schutzbereich und Gewährleistungsbereich der Grundrechte: Grundrechtsdogmatische und rechtsstaatliche Überlegungen auf Basis der Analyse des Glykolurteils des BVerfGs. Hamburg, Diplomica Verlag GmbH 2012

ISBN: 978-3-8428-6389-7
Druck: Diplomica® Verlag GmbH, Hamburg, 2012

Bibliografische Information der Deutschen Nationalbibliothek:
Die Deutsche Nationalbibliothek verzeichnet diese Publikation in der Deutschen Nationalbibliografie; detaillierte bibliografische Daten sind im Internet über http://dnb.d-nb.de abrufbar.

Die digitale Ausgabe (eBook-Ausgabe) dieses Titels trägt die ISBN 978-3-8428-1389-2 und kann über den Handel oder den Verlag bezogen werden.

Literaturverzeichnis

Augsberg, Steffen: Der Staat als Informationsmittler. Robin Hood
   oder Parasit der Wissensgesellschaft ?, DVBL, H. 12, S. 733–741,
   2007.

Bleckmann, Albert /. Eckhoff Rolf: Der "mittelbare"
   Grundrechtseingriff, DVBL, H. 8, S. 373–382, 1988.

Böckenförde, Ernst-Wolfgang: Zur Lage der Grundrechtsdogmatik nach 40
   Jahren Grundgesetz, Veranstaltung vom 19.10.1989. Carl Friedrich
   von Siemens Stiftung.

Callies, Christian: Gewährleistung von Freiheit und Sicherheit im Lichte
   unterschiedlicher Staats- und Verfassungsverständnisse, DVBL,
   H. 17, S. 1096–1105, 2003.

Cornils, Matthias: Die Ausgestaltung der Grundrechte. Untersuchungen zur
   Grundrechtsbindung des Ausgestaltungsgesetzgebers, Tübingen
   2005.

Eckhoff, Rolf: Der Grundrechtseingriff, Köln, 1992.

Elsner, Thomas/Schobert Klara: Gedanken zur Abwägungsresistenz der
   Menschenwürde - angestoßen durch das Urteil des
   Bundesverfassungsgerichts zur Verfassungsmäßigkeit der
   Sicherungsverwahrung. DVBL, H. 5, Rn. 278–287, 2007.

Faber, Heiko; Frank, Götz; Stein, Ekkehart: Demokratie in Staat und
   Wirtschaft. Festschrift für Ekkehart Stein zum 70. Geburtstag am
   24.9.2002. Ist das BVerfG "Herr seines Verfahrens"? Unter Mitarbeit
   von Alfred Rinken, Tübingen, 2002.

Faßbender, Kurt: Wettbewerbsrelevantes Staatshandeln und Berufsfreiheit:
   Quo vadis, Bundesverfassungsgericht?, NJW, H. 12, Rn. 816 – 818,
   2004.

Gurlit, Elke: Konturen eines Informationsverwaltungsrechts, DVBL, H. 17,
   S. 1119–1134, 2003.

Gusy, Christoph: Verwaltung durch Information. Empfehlungen und
   Warnungen als Mittel des Verwaltungshandelns, NJW, H. 14,
   Rn. 977 – 986, 2000.

Häberle, Peter: Das Grundgesetz zwischen Verfassungsrecht und
Verfassungspolitik. Ausgewählte Studien zur vergleichenden
Verfassungslehre in Europa. Baden-Baden, 1996

Heintzen, Markus: Staatliche Warnungen als Grundrechtsproblem.
Verwaltungsarchiv, H. 4, S. 532–556, 1990.

Hellmann, Vanessa: Eine Warnung vor dem Bundesverfassungsgericht.
Die Glykol-Entscheidung des BVerfG vom 26.6.2002. NVwZ, H. 2, Rn. 163
– 166, 2005.

Hoffmann-Riem, Wolfgang: Das Grundgesetz - zukunftsfähig ? DVBL,
H. 10, S. 657 ff., 1999. (Zitierung nach Gliederung)

Horn, Hans-Detlef: Die grundrechtsunmittelbare Verwaltung. Zur Dogmatik
des Verhältnisses zwischen Gesetz, Verwaltung und Individuum
unter dem Grundgesetz, Habil.,Tübingen, 1999.

Ibler, Martin: Grundrechtseingriff und Gesetzesvorbehalt bei Warnungen
durch Bundesorgane. Staat, Kirche, Verwaltung; Festschrift für
Hartmut Maurer, München, 2001.

Ipsen, Jörn: Richterrecht und Verfassung, Diss., Berlin 1975.

Ipsen, Jörn: Grundrechte. [mit EMRK und GRC]. Staatsrecht, 11. Aufl.,
Neuwied, 2008.

Kirchhof, Gregor: Grundrechte und Wirklichkeit. Freiheit und Gleichheit aus
der Realität begreifen - ein Beitrag zur Grundrechtsdogmatik,
Heidelberg, 2007.

Kirchhof, Paul: Der Staat als Organisationsform politischer Herrschaft und
rechtlicher Bindung, DVBL, H. 10, S. 637, 1999 (Zitierung nach
Gliederung)

Klement, Jan Henrik: Der Vorbehalt des Gesetzes für das
Unvorhersehbare, DÖV, H. 12, S. 507–515, 2005.

Ladeur, Karl-Heinz: Die objektiv-rechtliche Dimension der wirtschaftlichen
Grundrechte, DÖV, H. 1, S. 1–10, 2007.

Lege, Joachim: Nochmals: staatliche Warnungen. Zugleich zum
Paradigmenwechsel in der Grundrechtsdogmatik und zur
Abgrenzung von Regierung und Verwaltung, DVBL, H. 9,
S. 569 – 578, 1999, (Zitierung nach Gliederung).

Lege, Joachim: Das Verfassungsrecht zwischen normativem Anspruch und
politischer Wirklichkeit, DVBL, H. 17, S. 1053–1064, 2007.

Lenski, Sophie-Charlotte: Staatliches Informationshandeln als

    Grundrechtseingriff. Zur Anwendung der Osho-Rechtsprechung in

    der verwaltungsgerichtlichen Praxis, Zeitschrift für das juristische

    Studium, H. 1, S. 13 ff., 2008, (Zitierung nach Gliederung).

Lübbe-Wolff, Gertrude: Rechtsprobleme der behördlichen Umweltberatung.

    NJW, H. 43, Rn. 2705 – 2712, 1987.

Martins, Renata: Grundrechtsdogmatik im Gewährleistungsstaat:

    Rationalisierung der Grundrechtsanwendung ? DÖV, H. 11,

    S. 456–464, 2007.

Maurer, Hartmut: Staatsrecht I. Grundlagen, Verfassungsorgane,

    Staatsfunktionen, 3. Aufl. München, 2003.

Maurer, Hartmut: Allgemeines Verwaltungsrecht, 15. Aufl., München, 2004.

Möllers, Christoph: Wandel der Grundrechtsjudikatur. Eine Analyse der

    Rechtsprechung des Ersten Senats des BVerfG, NJW, H. 28,

    Rn. 1973 – 1979, 2005.

Murswiek, Dietrich: Staatliche Warnungen, Wertungen, Kritik als

    Grundrechtseingriffe. Zur Wirtschafts- und Meinungslenkung durch

    staatliches Informationshandeln, DVBL, H. 17, S. 1021 – 1030,

    1997, (Zitierung nach Gliederung).

Murswiek, Dietrich: Das Bundesverfassungsgericht und die Dogmatik

    mittelbarer Grundrechtseingriffe. Zu der Glykol- und der Osho-

    Entscheidung vom 26.6.2002, NVwZ, H. 1, Rn. 1 – 8, 2003

Ossenbühl, Fritz: Umweltpflege durch behördliche Warnungen und

    Empfehlungen, Köln, 1986.

Pecher, Christian Matthias: Verfassungsimmanente Schranken von

    Grundrechten, Diss., Münster, 2002.

Pieroth, Bodo; Schlink, Bernhard: Grundrechte. Staatsrecht II. 24. Aufl.,

    Heidelberg, 2008.

Ramsauer, Ulrich: Die Bestimmung des Schutzbereichs von Grundrechten

    nach dem Normzweck, Verwaltungsarchiv, H. 72, S. 89–106, 1981.

Roth, Andreas: Verwaltungshandeln mit Drittbetroffenheit und

    Gesetzesvorbehalt, Diss., Berlin, 1991.

Rusteberg, Benjamin: Der grundrechtliche Gewährleistungsgehalt. Eine

    veränderte Perspektive auf die Grundrechtsdogmatik durch eine

    präzise Schutzbereichsbestimmung, Diss., Tübingen, 2009.

Sachs, Michael: Vorbehaltlose Freiheitsrechte. Stellung und Funktion vorbehaltloser Freiheitsrechte in der Verfassungsordnung, Buchbesprechung, DVBL, H. 11, S. 680–681, 2007.

Schmidt, Rolf (Hrsg.): Staatliches Informationshandeln und Grundrechtseingriff. Eine verfassungsrechtliche Studie zu den grundrechtlichen Vorgaben und Grenzen staatlicher Informationstätigkeit, Diss., Bremen, 2008.

Schliesky, Utz: Über Notwendigkeit und Gestalt eines öffentlichen Wettbewerbsrechts, DVBL, H. 2, S. 78, 1999, (Zitierung nach Gliederung).

Schneider, Hans-Peter; Hesse, Konrad: Verfassungsrecht zwischen Wissenschaft und Richterkunst. Konrad Hesse zum 70. Geburtstag, Heidelberg, 1990.

Schulte, Martin: Schlichtes Verwaltungshandeln. Verfassungs- und verwaltungsrechtsdogmatische Strukturüberlegungen am Beispiel des Umweltrechts, Tübingen, 1995.

Sobota, Katharina: Das Prinzip Rechtsstaat. Verfassungs- und verwaltungsrechtliche Aspekte, Habil., Tübingen, 1997.

Sodan, Helge: Verfassungsrechtsprechung im Wandel. Am Beispiel der Berufsfreiheit, NJW, H. 4, Rn. 257 – 260, 2003.

Sodan, Helge: Kontinuität und Wandel im Verfassungsrecht. Zum 60-jährigen Jubiläum des Grundgesetzes für die Bundesrepublik Deutschland, NVwZ, H. 9, Rn. 545–551, 2009.

Spiecker, Indra: Das Verwaltungsrecht zwischen klassischem dogmatischem Verständnis und steuerungswissenschaftlichem Anspruch, DVBL, H. 17, Rn. 1074–1083, 2007.

Stüer, Bernhard: 14. Deutscher Verwaltungsrichtertag in Bremen, DVBL, H. 12, Rn. 746–753, 2004.

Tettinger, Peter J.: Verfassungsrecht und Wirtschaftsordnung. Gedanken zur Freiheitsentfaltung am Wirtschaftsstandort Deutschland, DVBL, H. 10, S. 679, 1999, (Zitierung nach Gliederung).

Tremml, Bernd Nolte Steffen: Amtshaftung wegen behördlicher Warnungen nach dem Produktsicherheitsgesetz, NJW, H. 35, Rn. 2265 – 2273, 1997.

Vorländer, Hans; Schaal, Gary S.: Die Deutungsmacht des
Bundesverfassungsgerichts. Institutionelles Vertrauen und
Entscheidungsakzeptanz, Wiesbaden, 2005.

Weiß, Holger Tobias: Gemeinschaftsrecht als Determinante staatlicher
Informationstätigkeit, EuZW, H. 3, Rn. 74-79, 2008.

Wülfing, Thomas: Grundrechtliche Gesetzesvorbehalte und
Grundrechtsschranken, Diss., Berlin, 1981.

Abkürzungsverzeichnis

ArzneimittelG	Arzneimittelgesetz
BVerwG	Bundesverwaltungsgericht
BVerfG	Bundesverfassungsgericht
DEG	Diethylenglykol
GG	Grundgesetz
ProdSG	Produktsicherheitsgesetz
UWG	Gesetz gegen den unlauteren Wettbewerb

Einleitung

Mit der Glykolentscheidung vom 26.06.2002[1] hat das BVerfG einen Beschluss gefasst, der (scheinbar) mit dogmatischen Grundstrukturen brach[2] und grundlegende rechtsstaatliche Prinzipien wie den Gesetzesvorbehalt in Frage stellte oder gar zu missachten schien.[3]

Bei näherer Betrachtung und Hinterfragen der Intentionen des BVerfGs bezüglich der Ausgestaltung des Rechtsstaatsprinzips kann man aber durchaus verfolgenswerte Ansätze, nicht nur zur Definition einer Dogmatik staatlichen Informationshandelns finden[4]. Auch übergreifend zur Bewältigung der Herausforderungen durch neue staatliche Handlungsformen, die sich als mittelbar-faktische Grundrechtseingriffe bzw. –beeinträchtigungen darstellen und für die im Rahmen uferlos gewordener Schutzbereiche die Notwendigkeit der Suche nach neuen Begrenzungskriterien die Grundrechtsdogmatik schon lange beschäftigte[5], versucht das BVerfG mittels einer intensiveren Analyse des Schutzbereichs einen neuen Ansatzpunkt zu definieren. Ob darin eine Ausgestaltung des Rechtsstaatsprinzips zu sehen ist und wie sich dies dogmatisch als auch rechtsstaatlich auswirkt, soll Gegenstand dieser Studie sein.

Dabei soll folgendermaßen vorgegangen werden:

Nach allgemeinen Überlegungen zum Rechtsstaatsprinzip und Gesetzesvorbehalt und der Rolle der Dogmatik sowie den Besonderheiten bei staatlichem Informationshandeln werden im zweiten Kapitel die Ausgestaltbarkeit des Rechtsstaatsprinzips und des davon umfassten Gesetzesvorbehalts sowie die Aspekte der Ausgestaltung untersucht.

Die in dieser Untersuchung besonders zu beachtende Entscheidung des BVerfGs im Glykolfall wird in Kapitel C dargestellt. Im daran anschließenden Hauptteil werden die Aussagen des BVerfGs in der zugrunde liegenden Entscheidung hinsichtlich des Gesetzesvorbehalts aufgezeigt, wobei der Schwerpunkt in den Ausführungen zur Schutzbereichsanalyse und den darin enthaltenen Ausgestaltungspotenzialen und -risiken gesetzt wird. Als Abschluss sollen Konsequenzen und Perspektiven, die sich aus den im Urteil enthaltenen Ausgestaltungen ergeben (können) aufgezeigt werden.

---

[1] BVerfGE 105, 252, in NJW 2002, 2621–2625.
[2] Rusteberg, 2009, S. 78.
[3] Gurlit, in DVBl, 2003, Fn 56; s.a. Murswiek, in NVwZ, 2003, Rn. 3.; Hellmann, in NVwZ, 2005, Rn 166; Weiß, in EuZW, 2008, Rn. 74, 75.
[4] Rusteberg, 2008, S. 78.
[5] Eckhoff, 1992, S. 235.

Wenn in der vorliegenden Studie von der Rechtsprechung die Rede ist, so bezieht sich dies in der Regel auf Entscheidungen des BVerwGs und des BVerfGs. Die Studie befasst sich mit der Ausgestaltung des Rechtsstaatsprinzips bezüglich des Gesetzesvorbehalts für den Sonderfall des informalen Staatshandelns bzw. staatlicher Informationstätigkeit, da dies zentraler Punkt im dieser Arbeit zugrunde gelegten Glykolfall ist[6].

A. Rechtsstaatsprinzip und Gesetzesvorbehalt

I. Das Rechtsstaatsprinzip

„Rechtsstaatlichkeit bedeutet, dass die Ausübung staatlicher Macht nur auf der Grundlage der Verfassung und von formell und materiell verfassungsmäßig erlassenen Gesetzen mit dem Ziel der Gewährleistung von Menschenwürde, Freiheit, Gerechtigkeit und Rechtssicherheit zulässig ist."[7]

Dies ist ein Definitionsversuch von vielen, um das „Prinzip Rechtsstaat", Rechtsstaatlichkeit bzw. das Rechtsstaatsprinzip zu beschreiben.

Das Rechtsstaatsprinzip ist eines der elementaren Prinzipien[8], grundgesetzlicher Fundamentalsatz[9] und Auslegungsrichtlinie[10] der bundesdeutschen Verfassung und Rechtsordnung.[11]

Es soll dem Staat Maß und Form geben[12], Macht mit den Mitteln des Rechts kontrollieren[13]. Als wesentliche Aussage schreibt das Rechtsstaatsprinzip die Bindung sämtlicher staatlicher Gewalten an das Recht fest und untersagt damit ein Tätigwerden der staatlichen Organe ausschließlich nach freiem Ermessen, aus Gründen der Zweckmäßigkeit und der staatspolitischen Notwendigkeit oder aus ähnlichen Erwägungen.[14] Das Rechtsstaatsprinzip steht mithin für die Souveränität des Rechts, für die Bindung und Verrechtlichung aller staatlicher Gewalt, niedergelegt in Art. 20 III und Art. 1 I S. 1 GG[15].

Mit der Entwicklung vom paternalistischen, obrigkeitlich-imperativ agierenden hin zum präzeptoralen, modernen Interventions-, Gewährleistungs-[16] und

---

[6] Was teilweise aber auch für mittelbar-faktische Grundrechtsbeeinträchtigungen verallgemeinert werden kann.
[7] Sobota, 1997, S. 22.
[8] Dies, ebd., S. 423; Pecher, 2002, S. 244; Cornils, 2005, § 8 Rn 3.
[9] Sobota, 1997, S. 19.
[10] Cornils, 2005, § 8 Rn 3.
[11] Ders., ebd.,§ 8 Rn 4.
[12] Sobota, 1997, S. 429.
[13] Hoffmann-Riem, in DVBL, 1999, III.5.
[14] Pecher, 2002, S. 249.
[15] Sobota, 1997, S. 399, 449.
[16] Lenski, in ZfS, 2008, I.; s.a. Gusy, in NJW, 2000, 986; Murswiek, in DVBL, 1997, A.

Vorsorgestaat sowie der dem Rechtsstaatsprinzip zugrunde liegenden Rechtsidee als unlösliche Verbindung formeller und materieller Elemente und als Regelungszusammenhang objektiven Rechts und subjektiver Rechte[17] wurde ein Doppelauftrag des Verfassungsziels Rechtsstaat begründet. Das Rechtsstaatsprinzip bedingt somit Disziplinierung (Begrenzung) und Aktivierung (Gewährleistung) staatlichen Handelns. [18] Die dem Rechtsstaatsprinzip immanente Korrektur staatlicher Machtausübung darf jedoch nicht dazu führen, den Staat in seinen Schutz- und Gewährleistungspflichten derart zu beschränken, dass seine Fähigkeit zur Zukunftsgestaltung verkümmert.[19]

Trotz dieser immensen Bedeutung, mit der das Rechtsstaatsprinzip als ungeschriebene, aber viel beschriebene Norm[20] die Rechtsordnung normativ überwölbt[21], sind die Rechtsstaatselemente, also seine Inhalte und Ausprägungen nicht einheitlich festgelegt und können durchaus unterschiedlich interpretiert werden[22]. Die Judikatur des BVerfGs und das Schrifttum haben zahlreiche formelle und materielle Einzelgehalte des Rechtsstaats anerkannt[23], teilweise auf Kosten von Transparenz, Funktionalität und Konsistenz.

Unstreitig zählen zu den Elementen des Rechtsstaatsprinzips die Gewaltenteilung, die Bindung der Gesetzgebung an die verfassungsmäßige Ordnung, die Rechtsbindung aller staatlichen Organe, der Grundsatz des Gesetzesvorbehalts sowie der Verhältnismäßigkeit, die Rechtssicherheit, die Staatshaftung, der Rechtsschutz, die rechtsstaatlichen Strafrechts- und Strafprozessrechtsgrundsätze sowie die Grundrechte[24], wobei letztere teilweise als gleichrangiges Hauptprinzip der Verfassung gesehen werden, die den Regelungsgehalt des Rechtsstaatsprinzips jedoch interdependierend mitbestimmen.[25]

II. Der Vorbehalt des Gesetzes

Grundrechtseingriffe müssen verfassungsrechtlich gerechtfertigt sein. Dieser, im Grundgesetz textlich nicht vertretene[26], Verfassungssatz ist Ausdruck des

---

[17] Callies, in DVBL, 2003 Rn 1100.
[18] Ipsen, 1975, S. 185.
[19] Hoffmann-Riem, in DVBl 1999, III.5.; so auch Ipsen 1975, S. 185.
[20] Sobota, 1997, S. 19.
[21] Lege, in DVBl, 2007, Rn. 1056.
[22] Sobota, 1997, S. 24.
[23] Callies, in DVBl, 2003, Rn 1096.
[24] Maurer, 2003, §8 Rn 4.
[25] Sobota, 1997, S. 451.
[26] Ibler, 2001, III.3.a); Sobota, 1997, S. 120.

Vorbehalts des Gesetzes. Damit bestimmt der Gesetzesvorbehalt das Verhältnis zwischen Legislative und Exekutive und bedingt so eine Abhängigkeit[27]; die Verwaltung darf nur handeln, wenn ein Gesetz sie dazu ermächtigt.[28]

Dieser Grundsatz findet sich in den speziellen Vorbehalten der Grundrechte und wird teils durch einen allgemeinen Gesetzesvorbehalt ergänzt. In der Lehre finden sich dazu verschiedene Theorien, in denen der Gesetzesvorbehalt als Parlamentsvorbehalt, institutioneller Gesetzesvorbehalt, grundrechtlicher Vorbehalt oder auch Vorbehalt des verhältnismäßigen Gesetzes im Mittelpunkt der Untersuchungen steht. Diese Untersuchung konzentriert sich auf die Perspektive des grundrechtlichen Gesetzesvorbehalts, der bei staatlichen Eingriffen in den Schutzbereich eines Grundrechts ausgelöst wird und dessen verfassungsmäßige Rechtfertigung in Form einer hinreichend klaren und bestimmten Ermächtigung durch den (parlamentarischen) Gesetzgeber[29] fordert.

Die ungeschriebene Form dieses rechtsstaatlichen Elements bedingt, dass dem Verfassungstext keine Einzelheiten darüber zu entnehmen sind, für welches staatliche Handeln der Vorbehalt gilt und oft auch, in welcher Gesetzesform und mit welchem Gesetzesinhalt ihm genügt werden kann.[30]

Vor allem die Reichweite des Gesetzesvorbehalts ist eine seit langem rechtswissenschaftlich und auch aktuell vieldiskutierte Grundsatzfrage. [31]

Ursprünglich der Sphäre des Schutzes von Eigentum und Freiheit[32] vor dem Hintergrund des klassischen Eingriffs – Schranken – Denkens[33] zugeordnet, musste auch der Gesetzesvorbehalt auf die Herausforderungen der Entwicklung des Rechtsstaates und neuer staatlicher Handlungsformen reagieren. Eine erste Ausgestaltung als Konsequenz daraus erfolgte mit der Entwicklung der Wesentlichkeitstheorie des BVerfGs, mit der die Begrenzung des Gesetzesvorbehalt auf lediglich beschränkende staatliche Eingriffe aufgehoben werden sollte[34] und womit die Grundlage für die gesetzesgebundene Verwaltung gelegt wurde.

Mit der Entwicklung weg vom klassischen Eingriffsbegriff[35] hin zu grundrechtsrelevanten Beeinträchtigungen und der Konzentration auf den

---

[27] Sobota, 1997, S. 107.
[28] Ibler, 2001, S. 154.
[29] Schliesky, in DVBl, 1999, III.2.a)(3); Pieroth, Schlink, 2008, Rn. 263.
[30] Ibler, 2001, III.3.a).
[31] Stüer, in DVBl, 2004, Rn. 749.
[32] Sobota, 1997, S. 108.
[33] Wülfing, 1981, S. 18.
[34] Sobota, 1997, S. 123.
[35] Pieroth, Schlink, 2008, Rn. 240.

grundrechtsbeeinträchtigenden Effekt staatlichen Handelns [36] auf dem Gebiet des Grundrechtsschutzes wurde und wird die Ausgestaltung des Gesetzesvorbehalts immer wieder neu in Frage gestellt.

Damit der Gesetzesvorbehalt seinen rechtsstaatlichen Aufgaben zur Gewaltenteilung, zur Schaffung von Rechtssicherheit, Erkennbarkeit des Rechts, Abgrenzung des Gebotenen vom Nichtgebotenen sowie Vorhersehbarkeit möglicher Belastungen[37] gerecht werden kann, bedarf es Antworten auf die sich durch gesellschaftspolitische, ökonomische und soziale Entwicklungen ergebenden Fragen, die durch die stetige Ausgestaltung des Instituts Gesetzesvorbehalt sowohl auf rechtswissenschaftlichem als auch juridischem Gebiet gefunden werden müssen.[38]

III. Rechtsstaatsprinzip und Grundrechtsdogmatik

Das Rechtsstaatsprinzip ist ein dogmatisches Prinzip.[39]

Inhalt und Elemente dieses grundlegenden Verfassungsprinzips finden als Ganzes textlich keinen konkreten Niederschlag in der Verfassung. Seine Ausgestaltung, Konkretisierung, Spezifizierung und Entwicklung erfährt es durch die Grundrechtsdogmatik.

Die Dogmatik als Lehre von den Bedingungen der Richtigkeit juristischer Erkenntnisse[40] soll aus dem vom Gesetzgeber geliefertem Stoff überzeugende Ordnungssysteme schaffen[41], Mittel zur Erkenntnis wie auch Maßstäbe zur Kritik des geltenden Rechts, der Rechtspraxis und der Rechtsentwicklung bereitstellen[42], die Rechtsanwendung steuern und leiten, ihr Orientierung und Sicherheit geben[43] und die verschiedenen Wege der Grundrechtsinterpretation weisen.[44]

Dabei orientiert sie sich am geltenden Recht, hier im speziellen an der Verfassung. Die Verfassung aber lebt als Rechtsnorm in der Realität, von der Realität und durch die Realität mit dem Auftrag, auf ökonomische, technologische, kulturelle, ökologische, politische und soziale Änderungen zu reagieren[45], um sich

---

[36] Bleckmann, 1988, S. 376; Roth, 1991, S. 160.
[37] Gusy, in NJW, 2000, Rn. 982.
[38] Bleckmann, 1988, S. 382.
[39] Sobota, 1997, S. 19.
[40] Lege, in DVBl, 1999, Fn 10.
[41] Sobota, 1997, S. 446.
[42] Horn, 1999, S. 4.
[43] Schulte, 1995, S. 9.
[44] Kirchhof, 2007, S. 1.
[45] Hoffmann-Riem, in DVBl, 1999, I.

mit der in der hohen Abstraktheit ihrer zukunftsoffenen Normen[46] begründet liegenden Wandlungsfähigkeit auch ohne formelle Änderungen Stabilität garantieren und Geltung sichern zu können.[47] Das impliziert zugleich die Unerlässlichkeit einer ebenfalls wandlungsfähigen und auch wandlungswilligen Dogmatik, der es zur Bewältigung dieses Auftrages bedarf.

Das Rechtsstaatsprinzip als grundlegendes Verfassungsprinzip und Auslegungsrichtlinie steht hinsichtlich seines Fortbestands, seines Inhalts, seiner Elemente und seiner Geltungskraft mithin in direkter Korrelation mit der geltenden Dogmatik. [48]

Die Frage nach der Ausgestaltung des Rechtsstaatsprinzips und im Besonderen des Gesetzesvorbehalts ist also auch immer eine Frage nach der herrschenden Grundrechtsdogmatik auf diesem Gebiet.

IV. Sonderfall staatliches Informationshandeln

1. Staatliche Informationstätigkeit

Die Bedingungen der Wissens- und Informationsgesellschaft[49], mit deren Entwicklung sich die staatliche Teilhabe an öffentlicher Kommunikation grundlegend gewandelt hat[50], verändern gewachsene rechtliche Strukturen[51]. War die staatliche Öffentlichkeitsarbeit[52] vorab auf Darstellungen und Erläuterungen von Vorhaben der Regierung und Wahlwerbung beschränkt[53], so entdeckte der Staat zunehmend die Information als „Steuerungsreserve"[54], als wirtschaftslenkende und effektive Maßnahme[55].

Jetzt umfasst staatliche Öffentlichkeitsarbeit Auskünfte, Warnungen, Empfehlungen, Berichte, Gutachten sowie die sonstige Informationstätigkeit der Verwaltung[56], wobei insbesondere Warnungen[57] als Modus behördlicher, vor allem aber goubernativer Informationstätigkeit mit beträchtlichem Konfliktpotenzial[58] als zentrales Problem auf dem Gebiet grundrechtsrelevanter

---

[46] Hoffmann-Riem, in DVBl, 1999, II.
[47] Wülfing, 1981, S. 58 f. .
[48] Sobota, 1997, S. 9.
[49] Weiß, in EuZW, 2008, 74, 79.
[50] Schmidt, 2004, S. 1.
[51] Augsberg, in DVBl, 2007, Rn. 733.
[52] Gurlit, in DVBl, 2003, Rn. 1124.
[53] Augsberg, in DVBl, 2007, Rn. 736.
[54] Lübbe-Wolff, in NJW, 1987, Rn 2705.
[55] Murswiek, in DVBL, 1997, B.I. .
[56] Gusy, in NJW, 2000, Rn. 979.
[57] Maurer, 2004, §§ 15, Rn 8.
[58] Gurlit, in DVBl, 2003, Rn. 1124.

staatlicher Informationstätigkeit seit Jahrzehnten Rechtsprechung und Wissenschaft intensiv beschäftigen.[59]

2. Grundrechtsrelevanz und Eingriffsqualität

Wenn der Staat Informationen in der hier interessierenden Form der Warnung als Steuerungsinstrumente einsetzt, so erfolgt dies in der Regel nicht unmittelbar, final und imperativ hinsichtlich der Grundrechte Betroffener und erfüllt somit eben nicht die klassischen Eingriffskriterien.[60] Vielmehr liegt die nachteilige Wirkung für den Betroffenen nicht in der staatlichen Maßnahme selbst, sondern in Folgeerscheinungen oder einer tatsächlichen Betroffenheit.[61]

Es stellt sich also die Frage, ob, wann und inwieweit staatliches Informationshandeln an den Grundrechten zu messen ist.[62]

Rechtsprechung und Literatur sind sich im Prinzip einig, dass die Grundrechte auch gegenüber solchen neuen staatlichen Handlungsformen Schutz bieten müssen[63] und auch dadurch hervorgerufene faktische Beeinträchtigungen als Grundrechtseingriffe gewertet werden können[64], da diese weichen Maßnahmen nicht immer weniger intensiv in Rechte eingreifen[65] und Wirkungen entfalten können, die denen eines unmittelbaren Zwangseingriffs gleichkommen oder diese sogar übertreffen.[66]

Das findet seine Begründung vor allem in der Tatsache, dass normativ geprägte, durch Informationsverarbeitung internalisierte Verhaltensänderungen nicht einfach wieder verlernt oder vergessen werden können; dagegen eine Erlaubnis ausgesprochen oder ein Verbot erlassen werden kann, ohne vom Adressaten ein kognitives Bejahen zu verlangen.[67]

Dass staatliche Informationsmaßnahmen, insbesondere in Form der Warnung, also Eingriffsqualität haben können und daher an den Grundrechten zu messen sind, ist unstreitig. Eine konsensfähige und überzeugende Dogmatik dazu hat sich trotz umfangreicher Rechtsprechung und Literaturbemühungen bisher jedoch nicht durchsetzen können.[68]

---

[59] Faßbender, in NJW, 2004, Rn. 816; s.a. Gurlit, in DVBl, 2003, Rn. 1119.
[60] Lenski, in ZfS, 2008, IV.
[61] Ramsauer, in VA 1981, S. 89.
[62] Ibler. 2001, S. 147.
[63] Ramsauer, in VA 1981, S. 96.
[64] Ossenbühl, 1986, S. 24.
[65] Spiecker, in DVBl, 2007, Rn. 1080.
[66] Tremml, in NJW, 1997, Rn. 164.
[67] Spiecker, in DVBl, 2007, Rn. 1080.
[68] Lenski 2008, I.

3. Gesetzesvorbehalt und Rechtfertigung

Wenn also als gesichert gilt, dass staatliches Informationshandeln Eingriffsqualität haben kann, so muss in diesem Fall auch der Gesetzesvorbehalt gelten; kein Grundrechtseingriff ohne Gesetz. [69]

Ob, wann und wie der Gesetzesvorbehalt im Bereich des staatlichen Informationshandelns jedoch Wirkung entfaltet, ist zentraler Streitpunkt, weil entscheidend hinsichtlich der Verfassungsmäßigkeit der zu prüfenden Maßnahme. Wann also der staatlichen Information Eingriffsqualität zukommt, ob eine vom Gesetzesvorbehalt geforderte Ermächtigungsgrundlage für staatliches Informationshandeln überhaupt normierbar ist und ob eine entsprechende (den rechtsstaatlichen Anforderungen des Gesetzesvorbehalts genügende) Befugnis aus der Verfassung abgeleitet werden kann sowie welche Rolle in diesem Zusammenhang verfassungsimmanente Schranken bzw. Schutzpflichten des Staates spielen, sind Themen, zu denen In Rechtswissenschaft und Rechtsprechung bisher Uneinigkeit besteht. [70]

Antworten auf diese und weitere Fragen können nur Rechtsprechung und Rechtswissenschaft durch die Ausgestaltung des Rechtsstaatselements Gesetzesvorbehalt auf dem Gebiet einer Dogmatik zu staatlichem Informationshandeln erarbeiten.

B. Die Ausgestaltung des Rechtsstaatsprinzips

Wenn es um die Ausgestaltung des Rechtsstaatsprinzips geht, stellt sich als erstes die Frage, was hierbei unter Ausgestaltung zu verstehen ist und ob und wie das Rechtsstaatsprinzip überhaupt ausgestaltbar ist. Anschließend soll untersucht werden, wie dabei Rechtsprechung und Dogmatik Ausgestaltung in diesem Sinne realisieren (können).

Bevor sich im nächsten Kapitel dem Glykolurteil zugewandt wird, sollen einige im Vorfeld ergangene ausgestaltende Urteile betrachtet werden.

---

[69] Gusy, in NJW, 2000, Rn. 982; s.a. Lege, in DVBl, 1999, I.1.b).
[70] Bleckmann 1988, S. 373; s.a.; Murswiek, in DVBl, 1997, A ; Schliesky, in DVBl, 1999, III.2.a)(3); Gusy, in NJW, 2000, Rn. 985; Klement, in DÖV, 2005, S. 511; Martins, in DÖV, 2007, S. 456; BVerwG, 7 C 2/87. NJW, Rn. 2274.

I. Ausgestaltbarkeit des Rechtsstaatsprinzips

Das Rechtsstaatsprinzip gilt als eines der wichtigsten Leitprinzipien der Verfassung[71], als grundgesetzlicher Fundamentalsatz, der in der Verfassung jedoch nicht in der konkreten Form Erwähnung findet, die verbindliche Aussagen zu Inhalt und Auswirkungen festschreibt. Es bedarf daher zu seiner Geltung und Akzeptanz der Anwendung, der Entwicklung und der Definition. Diese drei Aspekte sollen hier im Rahmen der Ausgestaltung betrachtet werden.

Unmittelbar zur Anwendung kommt das Rechtsstaatsprinzip nur, wenn grundgesetzliche Einzelregelungen fehlen.[72] Als Leitprinzip und Auslegungsrichtlinie der Verfassung ist es jedoch dogmatische Grundlage auf dem Weg der Entscheidungsfindung bei grundrechtsrelevanten Interessenkonflikten.[73] Das Recht und seine Interpretation sind abhängig von der sich verändernden ökonomischen, gesellschaftlichen, politischen und sozialen Lage sowie der sich wandelnden Rechtskultur.[74] Es ist daher allgemein anerkannt, dass die Auslegung von Rechtsnormen nur unter Einbeziehung der tatsächlichen Wirklichkeit, die durch die Norm geregelt werden soll, möglich ist.[75] Auch das Rechtsstaatsprinzip als Verfassungsgrundsatz bedarf somit der Konkretisierung je nach den sachlichen Gegebenheiten des Einzelfalls.[76] Diese Konkretisierung des allgemeinen Prinzips Rechtsstaat auf den jeweiligen Sachverhalt soll als erster Aspekt der Ausgestaltung gesehen werden.

Die Entwicklung des Rechtsstaatsprinzips als zweiter Aspekt der Ausgestaltung bezieht sich auf die Aufgabe der Verfassung zur Fortentwicklung, ihre Offenheit für sozialen, ökonomischen, gesellschaftlichen Wandel und politische Innovationen[77]. Diese Ausgestaltung der Verfassung erfolgt in einem durch Recht und Wirklichkeit bedingtem Rahmen[78], der nicht statisch und fixiert ist, sondern, den Herausforderungen des Wandels folgend, ebenfalls eine stetige Entwicklung erfahren muss.[79] Das Rechtsstaatsprinzip als ein Element dieses Rahmens kann und darf dem Wandel nicht trotzen und muss daher durch Ausgestaltung diese Entwicklung mittragen, fördern und begrenzen.

---

[71] Sobota, 1997, S. 423.
[72] Maurer, 2003, § 8, Rn 9.
[73] Ders., ebd., § 1, Rn 56.
[74] Stüer, in DVBl, 2004, Rn. 747.
[75] Maurer, 2003, § 1, Rn 74; s.a. Ramsauer, in VA, 1981, S. 102.
[76] Sobota, 1997, S. 24.
[77] Faber/Götz/Stein, 2002, S. 425 f. .
[78] Hoffmann-Riem, in DVBl, 1999, III.
[79] Ders., ebd., I.

Die Definition des Rechtsstaatsprinzips als dritter Aspekt der Ausgestaltung ist rein systematischer Natur und befasst sich mit Aussage und Inhalt des Rechtsstaatsprinzips. Die Elementelehre ist Kernstück der herrschenden Rechtsstaatslehre, sowohl auf akademischem wie juridischem Feld[80], da die Rechtsstaatselemente nicht einheitlich festgelegt sind[81] und folglich auch unterschiedlich ausgelegt werden. Die Ausgestaltung erfolgt hier vor dem Hintergrund der juristischen Kriterien Richtigkeit und Tauglichkeit.[82] Ziel der Ausgestaltung unter diesem Aspekt ist dabei die Strukturierung der Elemente bzw. Ausprägungen des Rechtsstaatsprinzips mittels Instrumenten wie Ausdifferenzierung und Spezifizierung als Mittel der Systematisierung.[83]

II. Die Rolle der Grundrechtsdogmatik

Die Grundrechtsdogmatik hat in allen drei Bereichen der vorab dargestellten Ausgestaltungsaspekte eine eminente Bedeutung.

Wird das Rechtsstaatsprinzip bei grundrechtsrelevanten Fragen an den sachlichen Gegebenheiten des Einzelfalls konkretisiert, so geschieht dies unter Anwendung des dogmatischen Instrumentariums in Form von Instituten, Regelungen, Vorgaben und Schemata. In der konsequenten Anwendung, Beachtung, aber auch Infragestellung dieser Dogmatik im Dialog mit der gegebenen Realität als Form der Ausgestaltung liegt das Potenzial für Konsistenz und Akzeptanz des Rechtsstaatsprinzips.

In der entwickelnden Ausgestaltung des Rechtsstaatsprinzips ist es Aufgabe der Dogmatik, den durch den der Verfassung immanenten Fortentwicklungsauftrag bedingten Wandel des Rechtsstaatsprinzips zu begleiten bzw. ihn überhaupt erst zu ermöglichen. Will das Rechtsstaatsprinzip seiner Aufgabe und Funktion als Prüfstein[84] und Steuerungsmodus[85] gerecht werden und bleiben, so ist es Aufgabe der Dogmatik, die methodischen Grundlagen zu schaffen[86] und dabei auch gegebenenfalls überkommene rechtsstaatliche Institute auf den Prüfstand zu stellen[87], um auf die Herausforderungen angemessen zu reagieren und den von der Realität vorgegebenen Wandel begleiten zu können. [88] Unter Anderem auch

---

[80] Sobota, 1997, S. 25.
[81] Ders., ebd., S. 24.
[82] Sobota, 1997, S. 417.
[83] Ders., ebd., S. 419 ff. .
[84] Callies, in DVBl, 2003, Rn. 1105.
[85] Ders., ebd., Rn. 1096.
[86] Spiecker, in DVBl, 2007, Rn. 1082.
[87] Hoffmann-Riem, in DVBl, 1999, III.5.
[88] Ders., ebd., II.

daraus resultierend steht als dritter Aspekt die Definition des Rechtsstaatsprinzips als Aufgabe der Dogmatik. Der hohe Abstraktionsgrad, die erstaunliche Resorptionskraft als auch die hohe Bedeutungsvielfalt[89] dieses grundlegenden Verfassungsprinzips haben zu seiner Extension[90] und kaum noch beherrschbaren Begriffsmenge unter dem Dach des Rechtsstaatsprinzips und einer sich zunehmend manifestierenden Anwendungsunsicherheit geführt.

Um das Rechtsstaatsprinzip also wieder operationabel zu machen, muss sein Inhalt, Art und Inhalt seiner Elemente sowie sein Verhältnis zu den anderen grundgesetzlichen Regelungsgruppen nach den Kriterien dogmatischer Richtigkeit als auch juristischer Tauglichkeit und unter der Maxime von Transparenz und Klarheit bestimmt und beschrieben werden.[91]

Bei diesem letzten Aspekt kommt der Dogmatik die entscheidende Rolle zu. Diese Arbeit beschäftigt sich jedoch mit der Ausgestaltung durch die Rechtsprechung, weswegen die weiterführenden Überlegungen vorrangig vor dem Hintergrund der ersten beiden Ausgestaltungsaspekte angestellt werden.[92]

III. Die Rolle der Rechtsprechung

Während die Dogmatik auch außerhalb der eigentlichen grundrechtsrelevanten Auseinandersetzungen an der Ausgestaltung des Rechtsstaatsprinzip arbeitet, agiert die Rechtsprechung im konkreten Einzelfall und bedient sich dabei der von der Dogmatik erarbeiteten methodischen Instrumente, des Gebäudes der Dogmatik. Zwar können Ergebnisse der Rechtsprechung im Sinne von Anregungen, Bestätigungen und Widersprüchen auch relevant für den Aspekt der Definition des Rechtsstaatsprinzips sein; dies jedoch immer nur als Folge der ausgestaltenden Tätigkeit vor dem Hintergrund der ersten beiden Ausgestaltungsaspekte, weswegen für diese hier die Rolle der Rechtsprechung näher betrachtet werden soll.

Im Bereich der Anwendung des Rechtsstaatsprinzips auf den konkreten Einzelfall kommt der Rechtsprechung die Aufgabe zu, wesentlich über Interpretation und Anwendung der Grundrechte[93] zu entscheiden und dabei rechtsstaatlichen Erfordernissen als auch Begrenzungen gerecht zu werden. Das geschieht im Wege der Auslegung und Interpretation unter Zuhilfenahme und Anwendung der

---

[89] Sobota, 1997, S. 19.
[90] Ders., ebd., S. 20.
[91] Sobota, 1997, S. 12.
[92] Siehe Kapitel D.
[93] Vorländer, Schaal, 2005, S. 11.

vielfältigen, teils auch widerstreitenden, dogmatischen Lehren. Diese Form der Deutungsmacht als spezifische Macht der Verfassungsgerichtsbarkeit[94], die sich in der Akzeptanz und Befolgung ebendieser verfassungsgerichtlichen Interpretation der Verfassung zeigt[95], macht die besondere Rolle der Rechtsprechung deutlich. Die Rechtsprechung entscheidet am konkreten Einzelfall darüber, welche Auslegung, welche dogmatischen Methoden, Prüfschemata und Institutionen im grundrechtlichen Konflikt zur Anwendung kommen bzw. Beachtung finden und letztlich zur juristischen Entscheidung führen.

Diese Interpretationsbefugnis des BVerfGs als Verfassungsinterpret macht es zum Souveränitätsgewinner[96], verpflichtet es aber auch gleichzeitig als Hüter der Verfassung.[97]

In Fortsetzung dieser Rolle des letztinstanzlichen Verfassungsinterpreten ergibt sich auch die Rolle der Rechtsprechung vor dem Hintergrund des Entwicklungsaspektes.

Die Verfassung als angemessener Rahmen für die Bewältigung auch neuer Herausforderungen[98] stellt die Rechtsprechung vor die Aufgabe, in Anlehnung an die sie begleitende Jurisprudenz die rechtliche und politische Anerkennung der Grundrechte und damit das ideelle Fundament der Rechtsstaatlichkeit[99] gegen und mit, aber auch trotz dem Wandel politischer, ökonomischer, gesellschaftlicher und sozialer Bedingungen zu sichern und zu gewährleisten[100]. Der dazu unerlässliche Wandel im Verfassungsrecht[101], das stetige Infragestellen der Gültigkeit dogmatischer Erkenntnisse als Anwendungsgrundlage zur Findung juristisch richtiger Lösungen in jedem neu zu entscheidenden Fall ist Aufgabe der Rechtsprechung.

Auf das rechtsstaatliche Element des Gesetzesvorbehalts im Speziellen bezogen, hat die Rechtsprechung folglich immer wieder aufs Neue, auf der Grundlage der zur Verfügung stehenden rechtswissenschaftlichen Lehren und den Besonderheiten des Einzelfalls aus der Realität, zu entscheiden, wann, wie und mit welchen Folgen der Gesetzesvorbehalt zum Tragen kommt.

---

[94] Dies., ebd., S. 8.
[95] Vorländer, Schaal, 2005, S. 8.
[96] Dies., ebd., 2005, S. 14.
[97] Wülfing, 1981, S. 24.
[98] Hoffmann-Riem, in DVBl, 1999, III.
[99] Ders., ebd., III.4.
[100] Sobota, 1997, S. 446.
[101] Sodan, in NVwZ, 2009, Rn. 546.

IV. Ausgestaltende Urteile zum Gesetzesvorbehalt bei staatlichem Informationshandeln

Bevor im Hauptteil dieser Untersuchung die Ausgestaltung des Gesetzesvorbehalts als Rechtsstaatselement am Urteil des BVerfGs im Glykol - Urteil umfassend untersucht wird, sollen vorab einige Urteile zu staatlichem Informationshandeln hinsichtlich ihrer Aussagen und ausgestaltenden Wirkungen zu diesem Aspekt im Vorfeld betrachtet werden.

In der Tranparenzlistenentscheidung von 1985[102], in der das BVerwG eine Listenveröffentlichung zu Arzneimitteln mit Preisen und Qualitätskennzeichen als Eingriff in die Berufsfreiheit wertete[103], wurden erstmals mittelbare Wirkungen als grundrechtsrelevant anerkannt, die allein auf dem autonomen Verhalten Dritter beruhen.[104] Im Zuge der Reformation des Eingriffsbegriffs wurde hier nicht nur der Schutzbereich, sondern auch die Reichweite des Gesetzesvorbehalts erweitert. Wegen der gemäß des Gesetzesvorbehalts erforderlichen, aber keiner vorhandenen (den rechtsstaatlichen Anforderungen genügenden) einfachgesetzlichen Ermächtigung war die Listenveröffentlichung verfassungswidrig.

Im Urteil des BVerwGs 1989 zur Tranzendentalen Meditation[105], das im Anschluss auch vom BVerfG bestätigt wurde, sieht die Rechtsprechung die Befugnis der Bundesregierung zu öffentlichen Warnungen als sich aus der Verfassung selbst ergebend, sodass eine weitergehende (einfach)gesetzliche Regelung dieser Befugnis nicht erforderlich ist. Zudem sei eine detaillierte gesetzliche Regelung wegen der Vielgestaltigkeit der möglichen Eingriffslagen und -wirkungen praktisch nicht möglich und daher verfassungsrechtlich nicht geboten.[106] Der Gesetzesvorbehalt, der hier durchaus Geltung erlangt, wird also einerseits in seiner Wirkung reduziert, indem die Ermächtigung aus der Verfassung selbst abgeleitet wird und andererseits wird zur Unterstützung dieser Aussage die Unmöglichkeit einer einfachgesetzlichen Regelung angeführt.

Im Birkel-Urteil des OLG Stuttgart 1990[107], bei dem Verbraucherinformationen einer Landesregierung als verfassungswidrig eingestuft wurden und daher zu Schadensersatz führten, war ausschlaggebendes Kriterium die Nichtbeachtung

---

[102] BVerwG, 3 C 34/84. NJW.
[103] BVerwG, 3 C 34/84. NJW, Rn. 2776.
[104] Eckhoff ,1992, S. 181.
[105] BVerwG, 7 C 2/87. NJW.
[106] BVerwG, 7 C 2/87. NJW, Rn. 2274
[107] OLG Stuttgart, Birkel, in NJW, 1990, Rn 2690 ff..

des Verhältnismäßigkeitsgrundsatzes und nicht das Fehlen einer gesetzlich normierten Ermächtigungsgrundlage für derartige Warnungen, so dass der Gesetzesvorbehalt hier nicht wirklich Geltung erlangte.

Auch im Glykolfall 1990 hat sich das BVerwG nicht mit dem Gesetzesvorbehalt und der daraus resultierenden Notwendigkeit der Rechtfertigung auseinandergesetzt. Es hat den einschlägigen Schutzbereich[108] der Berufsfreiheit bereits inhaltlich eingeschränkt[109] durch eine verfassungsimmanente Schranke in Form der Befugnis der Regierung zur verantwortlichen Staatsleitung und Krisenbewältigung. Da die Listenveröffentlichung in den so eingeengten Schutzbereich nicht eingriff, war auch keine Ermächtigung notwendig.[110]

Hier erfolgte somit eine Ausgestaltung des Gesetzesvorbehalts dahingehend, dass der Schutzbereich als Filter zur verfassungsrechtlichen Beurteilung (das „Wann" des Gesetzesvorbehalt), der darüber entscheidet, welches Handeln der gesetzlichen Grundlage bedarf[111], begrenzt wurde und so die Prüfung der verfassungsrechtlichen Rechtfertigung am Kriterium des Gesetzesvorbehalts nicht zum Tragen kam.

Zusammenfassend kann gesagt werden, dass die Rechtsprechung hinsichtlich der Ausgestaltung des Gesetzesvorbehalt auf dem Gebiet des informalen Staatshandelns konträr zur Lehre die Tendenz verfolgte, geringere rechtsstaatliche Anforderungen an diese staatliche Handlungsform zu stellen, selbst wenn grundrechtliche Beeinträchtigungen individueller Freiheitsrechte die Folge waren.

C. Die Glykolentscheidung

I. Sachverhalt

Am 26.06.2002 wies das Bundesverfassungsgericht (BVerfG) zwei Verfassungsbeschwerden als unbegründet zurück, denen der sogenannte Glykolskandal zugrunde lag. Dabei musste sich das Gericht mit folgendem Sachverhalt auseinandersetzen: Im Frühjahr 1985 wurde bekannt, dass zahlreiche in der Bundesrepublik vertriebene Weine das normalerweise als Frostschutz- bzw. Lösungsmittel eingesetzte Diethylenglykol (DEG) enthielten. Wegen der möglichen Gesundheitsgefährdung und aufgrund einer massiven Verunsicherung in der

---

[108] BVerwG, 3 C 2/88, in NJW, Rn. 1768.
[109] BVerwG, 3 C 2/88, in NJW, Rn. 1767.
[110] BVerwGE, 87, 137, in NJW 1991, Rn. 1769.
[111] Klement, in DÖV, 2005, S. 512 f..

Bevölkerung gab der Bundesminister für Jugend, Familie und Gesundheit eine „vorläufige Gesamt-Liste der Weine und anderer Erzeugnisse, in denen DEG in der Bundesrepublik Deutschland festgestellt worden ist" heraus, die letztmalig im Dezember 1985 aktualisiert wurde. Die Liste enthielt neben anderen der Identifikation der Weine dienenden Informationen auch Lage und Namen der Abfüller. Zwei auf der Liste benannte Kellereien griffen die Veröffentlichung der Liste mit verwaltungsgerichtlichen Klagen an, die jedoch in allen Instanzen erfolglos blieben. Dagegen richteten sich letztlich zwei Verfassungsbeschwerden, die dem Gericht seit 1991 zur Entscheidung vorlagen.

II. Genese

Der Beschluss in diesem Fall erging vor dem politischen Hintergrund einer sich entwickelnden Informationsgesellschaft und einer sich aufgrund der gesellschaftlichen und staatsrechtlichen Entwicklungen[112] notwendigen dogmatischen Reformation des Eingriffsdenkens[113], weshalb die Rechtsprechung hier nicht nur darüber zu entscheiden hatte, ob Rechte der Beschwerdeführer mit den vorab ergangenen Entscheidungen verletzt wurden[114]. Von der Entscheidung des BVerfGs in diesem, als "Klassiker zum schlichten oder auch informalen Verwaltungshandeln"[115] bezeichneten Fall erwartete und erhoffte sich die Rechtswissenschaft auch Antworten auf grundrechtsdogmatische Kernfragen oder zumindest richtungsweisende Tendenzen zur Dogmatik für staatliches Informationshandeln.[116]

Zu der der Glykolentscheidung des BVerfGs vorangegangenen Rechtsprechung kann gesagt werden, dass sich Rechtsprechung und Literatur hinsichtlich der Kriterien zur Eingriffsqualifizierung staatlichen Informationshandelns weitgehend einig waren.[117] Umstritten waren jedoch die Legitimation und die Verbandskompetenz.[118] Während die Rechtsprechung die Bundeszuständigkeit grundsätzlich bejahte, entweder als Annex aus der Gesetzgebungskompetenz oder direkt aus der Aufgabe zur Staatsleitung, sah die Literatur den

---

[112] Lenski, in NVwZ, 2008, I; s.a. Gusy, in NJW, 2000, Rn. 986; Murswiek, in DVBL 1997, A.
[113] Ossenbühl, 1986, S. 25; s.a. Pieroth/Schlink, 2008, Rdnr. 240.
[114] Lege, in DVBL, 1999, I.4.
[115] Ders., ebd., Einleitung .
[116] Hier sei auf Kapitel A.II.2., 3. meiner Vorstudie verwiesen.
[117] Murswiek, in NVwZ, 2003, III.; s.a. Lege, DVBL 1999, III.
[118] Gusy, in NJW, 2000, Rn. 980 ff..

Kompetenzenkatalog des GG als abschließend und keine Überlappungen vorsehend an.[119]

Zur rechtsstaatlichen Ermächtigung unterschied die Rechtsprechung danach, ob die Regierung als Verwaltung handelte – hier sah sie eine Ermächtigung als notwendig – oder ob sie als Regierung handelte – dann leitete die Rechtsprechung die Legitimation direkt aus der Verfassung ab und hielt eine weitergehende einfachgesetzliche Ermächtigung für nicht notwendig.[120] Nach Ansicht der Literatur jedoch sollte auch für mittelbar-faktische Eingriffe bzw. Beeinträchtigungen der Gesetzesvorbehalt[121] ausnahmslos gelten. Direkt aus Verfassungsnormen abgeleitete Eingriffsermächtigungen waren dogmatisch nicht anerkannt.[122]

Das BVerwG hat als Vorinstanz im Glykolfall in seiner Entscheidung eine Berührung des Schutzbereiches von Art. 12 I GG durch die Listenveröffentlichung in Form einer mittelbaren Betroffenheit[123] des Grundrechtsträgers durch schlicht-hoheitliches staatliches Handeln zunächst bejaht. Im Folgenden sprach es der staatlichen Maßnahme jedoch eine Eingriffsqualität aufgrund einer verfassungstextlich nicht benannten Grundrechtsbegrenzung ab.[124] Da die Listenveröffentlichung somit nicht in den durch Art. 12 I GG geschützten Freiheitsbereich eingriff, kam der Gesetzesvorbehalt nicht zum Tragen. Auch die Zuständigkeit des Ministers für Jugend, Familie und Gesundheit sah das Gericht als gewahrt an. Das BVerwG sah in der Listenveröffentlichung mithin keine Verletzung der Rechte der Beschwerdeführer[125] und in der Listenveröffentlichung somit auch keine verfassungswidrige staatliche Maßnahme.[126]

III. Die Entscheidung

Das Bundesverfassungsgericht hat die Verfassungsbeschwerden mit Ausnahme der Art. 103 I GG geltenden Beschwerde als zulässig erachtet. Jedoch weist es die Beschwerden als unbegründet zurück.

---

[119] Lege, in DVBL, 1999, III.2.; s.a. Gusy, in NJW, 2000, Rn. 980 f..
[120] Lege, in DVBl, 1999, II.1.c).
[121] Pieroth/Schlink, 2008, Rdnr. 263.
[122] Ossenbühl, 1986 S. 34; s.a. Lübbe-Wolff, in NJW, 1987, Rn. 2709.
[123] Schmidt, 2004, S. 76.
[124] Ders., ebd., S. 77.
[125] BVerwG, 3 C 2/88, in NJW, , Rn. 1769.
[126] Umfassende Ausführungen zur Genese siehe Kapitel C. der Vorstudie.

Das Gericht hat festgestellt, dass die Beschwerdeführerinnen nicht in ihrem Grundrecht aus Art. 12 I GG verletzt sind, da marktbezogene Informationen des Staates den grundrechtlichen Gewährleistungsbereich der betroffenen Wettbewerber nicht beeinträchtigen, sofern der Einfluss auf wettbewerbserhebliche Faktoren ohne Verzerrung der Marktverhältnisse nach Maßgabe der rechtlichen Vorgaben für staatliches Informationshandeln erfolgt. Dabei setzt die Verbreitung staatlicher Informationen eine Aufgabe der handelnden Stelle, Sachlichkeit und Richtigkeit und die Einhaltung der Zuständigkeitsgrenzen voraus. [127] Diese Bedingungen sind erfüllt gewesen. [128]

Die gerügte Grundrechtsverletzung gegen Art. 14 I GG wurde verneint, weil der Schutzbereich nicht berührt ist.[129] Art. 3 I GG ist nicht einschlägig, weil es sich um eine rechtmäßige Maßnahme gehandelt hat und Art. 2 I GG scheidet aus Konkurrenzgründen als Maßstab aus, da Art. 12 I GG als lex specialis vorrangig ist.[130]

IV. Die Glykolentscheidung in der Literatur

Die Entscheidung des Bundesverfassungsgerichts hat erhebliche Kritik erfahren. Der Entscheidung wäre nicht eindeutig entnehmbar, ob es an der Eröffnung des Schutzbereiches fehlt oder ob kein Eingriff[131] vorliegt. Dem Aufbau der Urteilsbegründung werden vor allem eine unklare, nicht nachvollziehbare[132] Dogmatik, mehrdeutige Formulierungen[133] und eine unzureichende Sachverhaltswürdigung[134] vorgeworfen. Das Gericht würde zudem die Abgrenzung zwischen Eingriff und Eingriffsrechtfertigung unter Preisgabe von Rechtfertigungskriterien wie der gesetzlichen Ermächtigungsgrundlage[135] aufgeben. Dem Rechtsstaatsprinzip ebenso zuwider liefe der Schluss von der Aufgabenzuweisung auf eine Ermächtigung[136] zur verfassungsrechtlichen Rechtfertigung und gleichzeitigen Begründung der Bundeskompetenz.[137] In diesem Konsens wurde ebenso gerügt, dass keine klaren Kriterien zur

---

[127] BverfGE 105, 252, in NJW, 2002, Rn 2622.
[128] Ebd., Rn. 2623.
[129] Ebd., Rn. 2624.
[130] BverfGE 105, 252, in NJW, 2002, Rn. 2624.
[131] Murswiek, in NVwZ, 2003, Rn. 2; s.a. Schmidt, 2004, S. 89.
[132] Hellmann, in NVwZ, 2005, Rn. 165.
[133] Murswiek, in NVwZ, 2003, Rn. 2.
[134] Ders., ebd., in NVwZ, 2003, Rn. 5.
[135] Schmidt, 2004, S. 96; s.a. Murswiek, in NVwZ, 2003, Rn. 3.
[136] Hellmann, in NVwZ, 2005, Rn. 166.
[137] Murswiek, in NVwZ, 2003, Rn. 5.

Abgrenzung von Verwaltungs- und Regierungshandeln definiert wurden. Nach einem großen Teil der Literatur lag in der Listenveröffentlichung ein Grundrechtseingriff, der eine gesetzliche Ermächtigung erfordert hätte (die nicht vorlag) und für den außerdem die Länder die Verbandskompetenz gehabt hätten. Einzelnen Ausführungen bzw. Feststellungen wurde jedoch auch in der Literatur zugestimmt. So sei es durchaus zu begrüßen, dass bei bloß mittelbaren Beeinträchtigungen der Berufsfreiheit eine restriktivere Richtung eingeschlagen wird.[138] Staatliche marktbezogene Informationen, die für die Entscheidungsfindung der Marktteilnehmer relevant sind, seien nicht grundsätzlich am Maßstab der Grundgesetze zu messen, da sie auch lediglich die Entscheidungsbasis erweitern können. [139]

V. Stellungnahme

Die Kritik in der Literatur begründet sich zu großen Teilen darauf, dass versucht wurde, die Bestandteile der Urteilsbegründung des BVerfGs gemäß dem überkommenen Prüfungsschema Schutzbereich – Eingriff – Rechtfertigung dogmatisch einzuordnen. Der daraus resultierenden, vor allem dogmatischen Kritik am Aufbau der Urteilsbegründung und unter rechtsstaatlichen Aspekten heftig kritisierten scheinbaren Vermengung von Aspekten des Eingriffsbegriffs und der Rechtfertigung kann so jedoch nicht gefolgt werden. Das in der Vorstudie ausführlich dargestellte Verständnis des Urteils[140], das auch dieser Untersuchung zugrunde liegt, erkennt im Urteil lediglich eine Prüfung des Schutzbereichs der Berufsfreiheit, in welche Kriterien zur Eingrenzung ebendiesen eingebettet werden. Da aufgrund der Schutzbereichseingrenzung die Listenveröffentlichung nicht vom Gewährleistungsbereich des Grundrechts der Berufsfreiheit erfasst ist, endet die Prüfung hier konsequenterweise, ohne dass eine weiterführende Prüfung zur Eingriffsqualität und nachfolgend zur Rechtfertigung erfolgt.
Das BVerfG hat in seiner Entscheidung versucht, eine Dogmatik zu staatlichem Informationshandeln zu entwickeln.[141] Das ist freilich, auch angesichts der umfangreichen Kritik seitens der Wissenschaft und Lehre, nur teilweise überzeugend gelungen.

---

[138] Faßbender, in NJW, 2004, Rn. 817; s.a. Möllers, in NJW, 2005, Rn. 1976.
[139] Murswiek, in NVwZ, 2003, Rn. 4.
[140] Siehe Kapitel D. Seminararbeit.
[141] Hier im Speziellen zur Anwendung in Bezug auf Art. 12 I GG, aber auch verallgemeinerbar.

Zur Entscheidung selbst ist zu sagen, dass sich, wenn auch mit den in diesem Buch dargestellten teilweise abweichenden Interpretationen, der Kritik in der Literatur in großen Teilen anzuschließen ist. Das BVerfG hätte aus mehreren Gründen einen Grundrechtseingriff bejahen müssen. Die Listenveröffentlichung war in Ihrer Funktion als Warnung keine marktbezogene, neutrale, der Markttransparenz dienende Information; der Bund war nicht zuständig und es fehlte an einer Ermächtigungsgrundlage. Folglich war die Listenveröffentlichung verfassungswidrig. Die Beschwerdeführer waren also durch das Urteil des BVerwGs in ihren Rechten verletzt.

D. Der Gesetzesvorbehalt in der Glykolentscheidung
I. Aussagen des BVerfGs zum Gesetzesvorbehalt

Aussagen zum Gesetzesvorbehalt finden sich in der Glykol – Entscheidung einerseits unmittelbar in Ausführungen zur gesetzlichen Ermächtigung und mittelbar im Argumentationskomplex zur Analyse des Schutzbereichs.

1. Die gesetzliche Ermächtigung
a) Aussagen im Glykolurteil

Die Aussage des Gerichts zur Ermächtigung findet sich nicht schwerpunktmäßig in der Begründung wieder[142], sondern lediglich in Form eines als Grundannahme formulierten Ausgangssatzes zur Herleitung der staatlichen Aufgabe und der Begründung der Zuständigkeit. Das BVerfG stellt lediglich fest, dass in der Aufgabenzuweisung an die Regierung (zur Staatsleitung) grundsätzlich auch eine Ermächtigungsgrundlage zum Informationshandeln liegt.[143] Mittelbares grundrechtsbeeinträchtigendes Informationshandeln bedarf also nach Ansicht des BVerfGs keiner einfachgesetzlichen Ermächtigungsgrundlage, da diese sich aus der Verfassung selbst ergibt. Es erfolgen keine weiteren argumentativen oder begründenden Ausführungen hierzu, sondern das Gericht nimmt Bezug auf Ausführungen im Osho – Urteil, teils mit wörtlich identischen Passagen. Dementsprechend erfolgen auch keinerlei subsumierende Aussagen des Gerichts hinsichtlich der Ermächtigung für den speziellen Fall.[144]

---

[142] Da das Gericht davon ausgeht, dass kein Eingriff vorliegt und daher keine Prüfung dahingehend erfolgt.
[143] BVerfGE 105, 252, in NJW, 2002, Rn. 2623.
[144] Diese müssten sich Gliederungspunkt I.3. der Urteilsbegründung finden.

Es soll daher hier untersucht werden, welche Aussagen das Osho – Urteil zum Gesetzesvorbehalt trifft und welche Rückschlüsse daher auf den Standpunkt des BVerfGs im Glykolfall gezogen werden können.

b) Bezüge zum Osho – Urteil

Parallel zur nachfolgend zu betrachtenden Glykol – Entscheidung des BVerfGs und nicht minder bedeutend erging zeitgleich der Beschluss des BVerfGs zum Osho – Fall[145], bei dem es um die Warnung vor und kritische Äußerungen über die Glaubensgemeinschaft der Osho-Bewegung ging. Beiden Fällen war die grundrechtliche Problematik gemein, ob und inwieweit die Grundrechte Schutz gegenüber amtlichen Warnungen und Kritik bieten[146] und welche rechtsstaatlichen Rechtfertigungsanforderungen an diese staatliche Handlungsform zu stellen sind, weswegen sie als "Klassiker zum schlichten oder auch informalen Verwaltungshandeln"[147] angesehen wurden. Da im Vorfeld neben dem Nichtannahmebeschluss im Fall Transzendentale Meditation[148] vom BVerfG noch keine Beschlüsse zum staatlichen Informationshandeln und damit auch zur Geltung des Gesetzesvorbehalts ergangen waren, wurden die Urteile beider Fälle als richtungsweisend erwartet.

Das BVerfG sah in Teilen der staatlichen Äußerungen zur Osho – Bewegung diffamierende, diskriminierende oder verfälschende Äußerungen, die zwar rechtsstaatlich gerechtfertigt, aber unverhältnismäßig und daher verfassungswidrig waren. In großen Teilen sei jedoch der Schutzbereich schon nicht berührt und die Äußerungen daher verfassungsrechtlich nicht zu beanstanden.[149] In der verfassungsunmittelbar abgeleiteten Aufgabe der Staatsleitung sah das BVerfG eine den rechtsstaatlichen Anforderungen des Gesetzesvorbehalts ausreichend genügende Ermächtigung, ohne dass es einer zusätzlichen einfachgesetzlichen Ermächtigung bedurft hätte, selbst wenn dadurch mittelbar-faktische Beeinträchtigungen herbeigeführt werden können. Nur bei Vorliegen eines funktionalen Äquivalents fordert nach Ansicht des Gerichts der Gesetzesvorbehalt eine besondere gesetzliche Ermächtigung.

Als Argumente führt das BVerfG an, dass durch die Ausweitung des Grundrechtsschutzes einerseits und des Gesetzesvorbehalts andererseits es nicht

---

[145] BVerfGE 105, 279, in NJW 2002, Rn. 2626–2632.
[146] Murswiek, in NVwZ 2003, Rn.1 – 8.
[147] Lege, in DVBL, 1999, Einleitung.
[148] BverfG, 1 BvR881/89, in NJW, Rn 2272 – 2278.
[149] BVerfGE 105, 279, in NJW, 2002, Rn. 2626 f.; s.a. Martins, in DÖV, 2007, S. 459.

selbstverständlich ist, dass der Gesetzesvorbehalt zwangsläufig mit der Ausweitung des Schutzes auf faktisch-mittelbare Beeinträchtigungen von Grundrechten in jeder Hinsicht mitgewachsen ist. Zudem ist die Informationstätigkeit der Regierung keiner Normierung zugängig[150] und bringt auch keinen Gewinn an Messbarkeit und Berechenbarkeit staatlichen Handelns für den Bürger im Sinne der Rechtssicherheit als rechtsstaatliches Anliegen des Gesetzesvorbehalts.[151]

Wirklich neue, vor allem den Bruch mit der bisherigen Dogmatik begründende Argumente sind in den Ausführungen des BVerfGs nicht zu finden[152]. Es führt die Linie der Rechtsprechung aus dem Urteil zur Transzendentalen Meditation fort, wonach eine gesetzliche Regelung als Ermächtigung wegen der Vielgestaltigkeit der möglichen Eingriffslagen und -wirkungen praktisch nicht möglich und daher verfassungsrechtlich auch nicht geboten ist.[153] Dieser Argumentation kann entgegengehalten werden, dass allein das Handeln und nicht die Folge Gegenstand der verfassungsrechtlichen Rechtfertigung ist und somit der Gesetzesvorbehalt für das Verhalten, das Handeln der Regierung, nicht für die Wirkung gilt, wenngleich der Gesetzesvorbehalt gerade wegen der Wirkung entsteht.[154]

Ergänzend haben Regelungen auf Länderebene und für einzelne Bereiche (§ 69 Abs. 4 i. V. mit Abs. 1 Satz 3 ArzneimittelG35, § 8 ProdSG) im Vorfeld dargelegt, dass eine solche Regelung durchaus möglich ist. [155]

Da das BVerfG sich im Glykol – Urteil zur Ermächtigung nicht argumentativ äußert, sondern direkt auf Ausführungen im Osho – Urteil verweist bzw. diese wiedergibt[156], ist auf die oben dargestellten Ausführungen zu verweisen. Das Gericht geht also auch im Glykol – Fall davon aus, dass der Gesetzesvorbehalt im Fall von mittelbar-faktischen Beeinträchtigungen durch informales Regierungshandeln eine direkt aus der Verfassung abgeleitete Aufgabe zur Staatsleitung als eine den rechtsstaatlichen Anforderungen genügende Ermächtigung ansieht und begegnet dem Schluss von der verfassungsrechtlichen Aufgabenzuweisung auf die Befugnis, dem in der Literatur nahezu einhellig

---

[150] BverfGE 105, 279, in NJW, 2002, Rn. 2629.
[151] BverfGE 105, 279, in NJW, 2002, Rn. 2630.
[152] Rusteberg, 2009, S. 83.
[153] BVerwG, 7 C 2/87, in NJW,1989, Rn. 2274.
[154] Klement, in DÖV, 2005, S. 511.
[155] Schliesky, in DVBl, 1999, III.2.a)(3).
[156] BverfGE 105, 279, in NJW, 2002, Rn. 2623 f..

widersprochen wird [157], mit keinerlei rechtsstaatlichen Bedenken. Mit der dogmatischen Erweiterung des Eingriffsbegriffs auf mittelbar-faktische Auswirkungen staatlicher Maßnahmen sieht das Gericht also nicht zwingend auch eine Erweiterung des Geltungsumfangs[158] des Gesetzesvorbehalts verbunden. Die Ausgestaltung des Rechtsstaatprinzips erfolgt hier also, direkt allerdings nur im Osho – Urteil und im Glykol – Urteil lediglich Bezug nehmend, in der Weise, dass eine neue dogmatische Figur von grundrechtlichen Beeinträchtigungen definiert wird, für die der Gesetzesvorbehalt nur in eingeschränkter Weise gilt. Das BVerfG befasst sich im Glykol – Urteil schwerpunktmäßig jedoch eben nicht unmittelbar mit der Figur der grundrechtlichen Beeinträchtigung sowie den sich daraus ergebenden Auswirkungen des Gesetzesvorbehalts. Der juristisch – thematische Schwerpunkt liegt im Glykol – Urteil in der Analyse und Entwicklung des Schutzbereichs und des darin enthaltenen Schutzgutes, wodurch letztlich keine Prüfung und Argumentation zur Rechtfertigung und damit zum Gesetzesvorbehalt erfolgt.[159]

Es soll sich daher nun im Folgenden ausführlich mit den Aussagen zum Schutzbereich und dem Gewährleistungsbereich sowie deren rechtsstaatlicher Ausgestaltungswirkung auseinandergesetzt werden.

2. Der Schutzbereich

Die Aussagen zum Schutzbereich sind insofern relevant für den Gesetzesvorbehalt, als dass der Schutzbereich als Filter fungiert, welche staatlichen Handlungen der Rechtfertigung gemäß den rechtsstaatlichen Anforderungen des Gesetzesvorbehalts bedürfen. Vorab war die Einschlägigkeit eines Grundrechts anhand der Definition des vom Schutzbereich erfassten Lebenssachverhalts[160] ausreichendes und in den meisten Fällen wenig komplexes Kriterium, um über die nächste Stufe der Prüfung zur Eingriffsqualität die Rechtfertigungsbedürftigkeit einer staatlichen Maßnahme zu begründen, wobei Prüfungsintensität und –umfang auf den Stufen der Eingriffsqualität und der Rechtfertigung regelmäßig größer waren. In der Glykolentscheidung setzt das BVerfG den juristischen Schwerpunkt nach dem auch dieser Untersuchung

---

[157] Lübbe-Wolff, in NJW, 1987, Rn. 2709; vgl. Ossenbühl, 1986, S. 40; vgl. Lege, in DVBL, 1999; Hellmann, in NVwZ, 2005, Rn. 166.
[158] Die Reichweite des Gesetzesvorbehalts ist grundsätzlich umstritten; vgl. Maurer, 2003, § 8, Rn 21; s.a. Pieroth/Schlink, 2008, Rn 268.
[159] Hier sei auf die Vorstudie (Gliederungspunkt D.) zum Verständnis des Urteils verwiesen.
[160] Ipsen, 2008, Rn. 136.

zugrunde liegenden Verständnis der Entscheidungsbegründung[161] in der Analyse des Schutzbereichs der Berufsfreiheit sowie den zur Zulässigkeit der daraus resultierenden Begrenzung definierten Kriterien. Damit soll bestimmt werden, ob die im Schutzbereich der Berufsfreiheit aus Art. 12 I GG enthaltenen Schutzgüter ein Abwehrrecht gegen die Listenveröffentlichung begründen, diese somit rechtfertigungsbedürftig ist und der Geltung des Gesetzesvorbehalts unterliegt. Dass innerhalb dieser Ausführungen bei der Definition der Zulässigkeitskriterien wiederum ein Schwerpunkt gesetzt wird, kann dahingehend interpretiert werden, dass das Gericht weitergehende Rahmenbedingungen in Form einer Dogmatik für staatliches Informationshandeln begründen wollte, was hier jedoch nicht weiter thematisiert werden soll.

Nach den Ausführungen des BVerfGs ist der Schutzbereich der Berufsfreiheit berührt[162], der Gewährleistungsbereich des Grundrechts jedoch nicht beeinträchtigt, weil dieser den Schutz vor der Verbreitung zutreffender und sachlich gehaltener Informationen am Markt, die für das wettbewerbliche Verhalten der Marktteilnehmer von Bedeutung sein können, selbst wenn die Inhalte sich auf einzelne Wettbewerbspositionen nachteilig auswirken[163], nicht umfasst.

Es erfolgt also eine Begrenzung des Schutzbereichs der Berufsfreiheit, die das BVerfG damit begründet, dass der im Schutzbereich enthaltene Gewährleistungsbereich der unternehmerischen Betätigung am Markt durch die den Wettbewerb ermöglichenden und begrenzenden Regeln bestimmt wird und daher keinen Schutz vor Einflüssen auf die wettbewerbsbestimmenden Faktoren bietet. Dafür baut das Gericht eine Argumentationskette auf. Staatliches Informationshandeln dient der Markttransparenz, die ein wettbewerbsbestimmender, - ermöglichender und - gestaltender Faktor ist. Dies ist auch Ziel der gesamten Rechtsordnung[164] und der davon umfassten einfachgesetzlichen Wettbewerbsnormen. Im Sinne der Widerspruchsfreiheit der Rechtsordnung[165] kann daher ein nach einfachgesetzlichen Normen verbotenes wettbewerbsschädigendes Verhalten zwar im Schutzbereich enthalten, nicht aber vom Gewährleistungsbereich der Berufsfreiheit erfasst sein. Dass ein

---

[161] Siehe Fn. 164.
[162] „betrifft das Freiheitsrecht" BVerfGE 105, 252, in NJW, 2002, Rn. 2622; vgl. auch Hellmann, in NVwZ, 2005, Rn. 165; Murswiek, in NVwZ, 2003, Rn. 2f..
[163] BVerfGE 105, 252, in NJW, 2002, Rn. 2622.
[164] So auch Lübbe-Wolff, in NJW, 1987, Rn. 2711.
[165] Sodan, in NJW, 2003, Rn. 258.

ausschließliches Recht auf eigene Außendarstellung nicht vom Grundrecht erfasst ist[166], ergänzt die Argumentation.

Das Inverkehrbringen des DEG-haltigen Weines wird vom Gericht folglich als Täuschung der Marktteilnehmer und daher als wettbewerbswidriges Handeln gesehen. Staatliche Informationsmaßnahmen, die durch wettbewerbsschädigendes Verhalten entstandene Informationsdefizite oder Ungleichgewichte ausgleichen und damit der Markttransparenz dienen, können somit keine Abwehrrechte aus Art. 12 I GG begründen.

In der Kritik[167] zum Urteil des BVerfGs wurde die Bestimmung des Schutzgutes der Berufsfreiheit durch Eingrenzung vielfach im Ergebnis[168] nicht kritisiert[169] und teils als begrüßenswerte Tendenz gesehen[170]. Die Schlussfolgerungen des Gerichts wurden dabei jedoch vielfach kritisch[171] und auch als lückenhaft[172] bewertet, was daran liegen kann, dass die Argumentation sich inhaltlich nur schwer erschließt und auch andere Interpretationen zulässt. [173]

Ausgehend von der hier dargestellten Sichtweise ist die Argumentation des Gerichts durchaus nachvollziehbar. An Überzeugungskraft verliert die Begründung der Schutzbereichsbegrenzung jedoch hinsichtlich der mangelnden Abgrenzung der marktbezogenen Informationen und der fehlenden Einordnung von Warnungen in diesem Kontext. Das Gericht hätte sich präziser dazu äußern müssen, wie ausschließlich der Markttransparenz dienendes staatliches Informationshandeln, das vom Gewährleistungsbereich der Berufsfreiheit eben nicht erfasst ist, abzugrenzen ist. Zwar können die in I.2.e)cc) dargestellten Ausführungen zum funktionalen Äquivalent, als welches staatliche Informationstätigkeit zu sehen ist, wenn es in Zielsetzung und Wirkung als Ersatz für eine staatliche Maßnahme dient, die als Grundrechtseingriff zu qualifizieren wäre, als dieser Abgrenzung dienend interpretiert werden. Es hätte jedoch klarer Abgrenzungskriterien bedurft, da einer öffentlichen Warnung, die sich auf identifizierbare Produkte oder Gefahren bezieht, nicht nur die Literatur, sondern

---

[166] BVerfGE 105, 252, in NJW, 2002, Rn. 2622.
[167] Auf Kritik, die auf einem anderen Urteilsverständnis beruht, soll hier nicht eingegangen werden.
[168] Auf Tatsachen beruhende, sachlich gehaltene Informationen zur Herstellung von Markttransparenz beeinträchtigen die Berufsfreiheit nicht.
[169] Murswiek, in NVwZ, 2003, Rn. 4; vgl. Pieroth/Schlink, 2008, Rn 815.
[170] Möllers, in NJW, 2005, Rn. 1978; vgl. Faßbender, in NJW, 2004, Rn. 816 f.; Kirchhof, 2007, S. 6.
[171] Möllers, in NJW 2005, Rn. 1975; vgl. Murswiek, in NVwZ, 2003, Rn. 1 ff..
[172] Vermisst Präzisierung zu „marktbezogenen Informationen" vgl. Murswiek, in NVwZ, 2003, Rn. 4; s.a. Knitsch, in ZRP, 2003, Rn. 116.
[173] Vgl. Möllers, in NJW, 2005, Rn. 1975; Murswiek, in NVwZ, 2003, Rn. 4.

auch die Rechtsprechung in vorangegangenen Entscheidungen[174], teilweise sogar „zwangsläufig"[175], eine grundrechtsbeeinträchtigende Wirkung aufgrund des lenkenden, finalen Charakters[176] bescheinigt hat. Wenn das BVerfG davon ausgeht, dass auch Warnungen lediglich der Markttransparenz dienende Informationen sein können und daher nicht vom Schutzgut der Berufsfreiheit erfasst sind, was freilich schwer nachvollziehbar wäre[177], so hätte es dazu klar Stellung beziehen müssen. Hier krankt die Entscheidung an Inkosistenz, da das Gericht der Listenveröffentlichung Warnfunktion beimisst[178], diese aber trotzdem im Folgenden als der Markttransparenz dienende, die rechtlichen Vorgaben für staatliches Informationshandeln wahrende Tatsachenmitteilung sieht[179], ohne hierauf näher einzugehen.

Es soll hier jedoch dahingestellt bleiben, wie die Listenveröffentlichung hinsichtlich ihrer Warnfunktion zu qualifizieren und wie ihre Ausgrenzung aus dem Schutzbereich zu werten ist. Vielmehr soll im Mittelpunkt der nachfolgend angestellten Überlegungen stehen, welche dogmatischen Auswirkungen und daraus resultierenden rechtsstaatlichen Folgen mit der Vorgehensweise der Schutzbereichsentwicklung und -eingrenzung an sich verbunden sind und ob und gegebenenfalls welche Form der Ausgestaltung bezüglich des Gesetzesvorbehalts darin zu sehen ist.

D.II. Rechtsstaatliche Ausgestaltungspotenziale und –risiken

Wie die Aussagen des BVerfGs zum Schutzbereich der Berufsfreiheit hier zu werten sind und welche Möglichkeiten der Ausgestaltung des Rechtsstaatsprinzips, insbesondere des Gesetzesvorbehalts, darin gesehen werden können, aber auch welche Risiken, soll im folgenden Abschnitt dargestellt werden. Dabei soll sich zuerst der Wortwahl und deren Bedeutung und im zweiten Schritt der Analyse des Schutzbereichs selbst gewidmet werden.

---

[174] BVerwGE 87, 37, in NJW, 1991, Rn. 1766–1770; BVerwG, 3 C 23/94, in NJW, 1996, Rn. 3161–3162.
[175] BVerwGE 82, 76, in NJW, 1989, Rn. 2272–2278.
[176] Cornils, 2005 S. 34.
[177] Warnungen können nicht dem Gebot von Sachlichkeit und Richtigkeit entsprechen, da Wertungen nicht wahr oder falsch sein können. vgl. Murswiek, in NVwZ, 2003, Rn. 4 f. .
[178] Was in späterer Entscheidung die Eingriffsqualität begründet hat. vgl. BVerfGE 113, 63.
[179] Vgl. Murswiek, in NVwZ, 2003, Rn. 4 f.; Cornils, 2005, S. 33 f.; Rusteberg, 2009, S. 88.

1. Schutzbereich und Gewährleistungsgehalt

a) Terminologie und dogmatische Einordnung

Die vom BVerfG verwendete Terminologie gab in der Literatur Anlass zu Kritik[180] und Irritationen.[181] Das Gericht verwendet in seinem Urteil nur einmal die Formulierung „Schutzbereich". Es spricht sonst vom Grundrecht, vom Freiheitsschutz, dem Freiheitsrecht, der grundrechtlichen Gewährleistung und dem grundrechtlichen Gewährleistungsbereich.

Welche Bedeutung die Verwendung dieser Nomenklatur aus dogmatischer Sicht hat, ob dem überhaupt eine besondere Bedeutung beigemessen werden kann und welche rechtsstaatlichen Auswirkungen und Ausgestaltungen damit verbunden sind, soll Gegenstand dieses Abschnitts sein.

Die Verwendung der verschiedenen Begriffe, teilweise auch als Synonyme ist in Literatur und Rechtsprechung durchaus uneinheitlich. So werden teilweise Schutzbereich und Gewährleistungsbereich synonym und der Begriff Begrenzung eingriffsgleich verwendet[182]. Nach der in der Literatur vorherrschenden Ansicht bestimmt aber der Schutzbereich eines Grundrechts lediglich seine Einschlägigkeit, dessen Berührung begründet jedoch noch keine Rechtfertigungsbedürftigkeit. Das Grundrecht gilt als Oberbegriff, das einen Schutzbereich hat, in welchem das enthaltene Schutzgut ein subjektives Recht gewährleistet.[183] Erst wenn diese Gewährleistung beeinträchtigt und damit das Schutzgut betroffen ist, entfaltet das subjektive Abwehrrecht Wirkung und verlangt eine Rechtfertigung. Um das Schutzgut zu ermitteln, muss daher der Schutzbereich analysiert und damit fallbezogen bestimmt werden.

Dieser dogmatische Aufbau des Schutzbereichs eines Grundrechts hatte vor dem Aufkommen der mittelbar-faktischen Grundrechtsbeeinträchtigungen in der Literatur jedoch keine Bedeutung hinsichtlich der Grundrechtsprüfung erlangt. Auch in der Rechtsprechung wurde diese Differenzierung, obwohl sie in einzelnen Entscheidungen durchaus bereits zum Tragen kam[184], noch nicht innerhalb der Prüfungsmethodik dogmatisch integriert.

Das BVerfG führt nun im Glykol – Fall, auch wenn in der Literatur teilweise die synonyme oder unbedachte Verwendung der Termini unterstellt wird[185], genau die

---

[180] Murswiek, in NVwZ, 2003, Rn. 2.
[181] Hellmann, in NVwZ, 2005, Rn. 164.
[182] Pieroth/Schlink, 2008, Rn 207.
[183] Ipsen, 2008, Rn 136, vgl. Maurer, 2003, § 9, Rn 43; Pieroth/Schlink, 2008, Rn 203.
[184] BVerfG, 2 BvR 1/84, 1984.; BVerwG, 3 C 34/84, in NJW, 1985, Rn. 2774-2778.; s.a. Rusteberg, 2009, S. 132.
[185] Klement, in DÖV, 2005, S. 508 f..

Unterscheidung zwischen Schutzbereich und Gewährleistungsbereich des in Art. 12 I GG normierten Grundrechts ein.[186]

Damit wird zwischen einem beschreibenden Element des Schutzbereichs als dem Sach- und Lebensbereich, für den es einschlägig ist und einem normativen Element als dem Gewährleistungsbereich, der die vom Grundrecht konkret gewährleistete Befugnis darstellt unterschieden.[187]

Dass diese vom Gericht sehr wohl beabsichtigte Differenzierung in der Literatur teilweise als Ungenauigkeit, „schlampige Formulierung", [188] oder gar als rhetorisches Ablenkungsmanöver bewertet wurde, hat seine Ursache darin, dass das Gericht diese Modifikation im grundrechtlichen Anwendungsschema nicht explizit darlegt. Es statuiert vielmehr die für die überkomme Prüfungsdogmatik wichtigen, weil veränderten Grundannahmen, ohne sein Vorgehen argumentativ zu belegen oder zu begründen. Daraus resultiert letztlich auch die fehlgehende Interpretation, dass das BVerfG den Begriff des Schutzbereichs durch das Konzept des Gewährleistungsgehalts (auch Gewährleistungsinhalt genannt) ersetzen und nicht als neue dogmatische Figur einführen will und dadurch der Schutzbereich von vornherein enger ausfallen würde. [189]

Zudem setzt das BVerfG die neue Terminologie leider nicht konsequent ein.[190] Zwar könnte die scheinbar synonyme Verwendung der Termini im Kontext des funktionalen Äquivalents derart interpretiert werden, dass das Gericht hier durch die Begriffswahl deutlich machen wollte, dass die neue dogmatische Figur des Gewährleistungsbereichs nur in der Anwendungsdogmatik zu mittelbar-faktischen Beeinträchtigungen installiert werden soll, während bei klassischen Eingriffen oder als solche zu qualifizierenden Maßnahmen das überkommene Prüfungsschema Schutzbereich – Eingriff – Rechtfertigung keine Modifizierung erfahren soll. Dazu hätte es jedoch weiterführender Aussagen des Gerichts bedurft.

So erscheinen die Terminologie des Gerichts in der Tat inkonsequent und die Kritik an der Wortwahl zu Teilen verständlich.

Obwohl in der Literatur auch im Vorfeld der Glykolentscheidung durchaus bereits Ansätze zur Differenzierung zwischen Gewährleistungsgehalt und Schutzbereiche und die Folgen dieser Theorie präsent waren[191] und diskutiert wurden, wurde die

---

[186] Rusteberg, 2009, S. 85.
[187] Martins, in DÖV, 2007, S. 458.
[188] Murswiek, in NVwZ, 2003, Rn. 2.
[189] Martins, in DÖV, 2007, S. 457.
[190] BVerfGE 105, 252, in NJW, 2002, Rn. 2624; hier verwendet das Gericht scheinbar die Begriffe Schutzbereich und Gewährleistungsbereich synonym.
[191] Rusteberg, 2009, S. 77.

Glykolentscheidung[192] zum Auslöser einer Debatte um eine veränderte Bestimmung des grundrechtlichen Schutzbereichs[193] .

b) Rechtsstaatliche Ausgestaltung

Wenn im einleitenden Teil der Studie die Ausgestaltung des Rechtsstaatsprinzips nach den Aspekten Anwendung und Entwicklung unterschieden wurden, so ist hier zu sagen, dass das BVerfG in dieser Entscheidung den entwickelnden Aspekt in den Vordergrund rückt.

Mit einer entwickelnden Ausgestaltung soll die Fähigkeit des Rechtsstaatsprinzips gewährleistet werden, auf sich ändernde Rahmenbedingungen in Gesellschaft, Wirtschaft, Politik und Rechtskultur zu reagieren und so seine Geltungskraft als grundlegendes Verfassungsprinzip und Auslegungsrichtlinie zu sichern und zu manifestieren.

In der Einführung der neuen dogmatischen Figur des Gewährleistungsgehalts in die Grundrechtsanwendung und damit dem Bruch mit bisher selbstverständlichen überkommenen dogmatischen Strukturen kann mit der Bereitschaft zu einer vom bisherigen Schema abweichenden Betrachtungsweise der Versuch gesehen werden, auf eben solche Herausforderungen zu reagieren.

Die Entwicklung vom paternalistischen, obrigkeitlich-imperativ agierenden hin zum präzeptoralen, modernen Interventions- und Gewährleistungsstaat bedingte[194] vor dem Hintergrund einer sich zunehmend entwickelnden Informationsgesellschaft eine rechtsdogmatische Wandlung, da das Instrumentarium der Eingriffsabwehr der herkömmlichen Dogmatik als untauglich zur Bewältigung der Probleme des sozial gestaltenden und des Leistungsstaates[195] kritisiert wurde. Dies führte zu einer Reformation des Eingriffsbegriffs weg vom klassischen[196] imperativen, unmittelbaren hin zum modernen Eingriffsbegriff, wonach jedes staatliche Handeln, das dem Einzelnen ein Verhalten, das in den Schutzbereich eines Grundrechts fällt, ganz oder teilweise unmöglich macht, gleichgültig ob diese Wirkung final oder unbeabsichtigt, unmittelbar oder mittelbar, rechtlich oder tatsächlich (faktisch, informal), mit oder ohne Befehl und Zwang erfolgt, ein Eingriff ist.[197] Die erhebliche Ausweitung, die die grundrechtlichen Schutzbereiche und der

---

[192] Wie auch die Osho – Entscheidung!
[193] Rusteberg, 2009, S. 77.
[194] Lenski, in NVwZ, 2008, I; Gusy, in NJW, 2000, Rn. 986; Murswiek, in DVBL, 1997, A.
[195] Eckhoff, 1992, S. 31.
[196] Ossenbühl, 1986, S. 25.
[197] Pieroth/Schlink, 2008, Rdnr. 240.

Eingriffsbegriff dadurch erfahren haben, bedingte es, dass neue, bisher nicht beachtete Beeinträchtigungsmodalitäten grundrechtlich relevant wurden.[198] Das wiederum machte es notwendig, Möglichkeiten der Begrenzung uferlos gewordener Schutzbereiche[199] und grenzenlos scheinender Eingriffsdefinitionen vor dem Hintergrund einer rationalen Grundrechtsanwendung, nicht nur im Sinne der Grundrechtsträger sondern auch von Exekutive und Legislative zu finden. Die Suche nach neuen Eingriffskriterien hatte in Literatur und Rechtsprechung zwar zu durchaus anwendbaren Ergebnissen geführt, aber nicht nur die Prüfungsstufe des Eingriffs, sondern auch die des Schutzbereichs als Filter, der verhindert, dass sich der Staat wegen sämtlicher Fernwirkungen seines Handelns, jeder Nebenfolge, jeder unerheblichen Wirkung vor den Grundrechten rechtfertigen muss[200], bedurfte der Ausgestaltung.[201]

In der vom Gericht vorgenommenen Differenzierung ist ein Versuch der entwickelnden Ausgestaltung zu sehen, mit dem auf die Herausforderungen, die sich mit der Dogmatik mittelbar-faktischer Beeinträchtigungen in der Grundrechtsanwendung stellten, reagiert werden sollte. Mit dem Wissen, dass ein Freiheitsrecht nie das Recht zur Beliebigkeit ist, sondern stets die Begegnung mit einem anderen regelt[202] und daher keinen absoluten Schutz seines Trägers gegen jedwede Art von Beeinträchtigung, die auf hoheitliches Handeln zurückzuführen sein mag, bietet[203], erscheint die methodische Intensivierung der Prüfung des Schutzbereichs[204] als eine folgerichtige und rechtsstaatlich erforderliche Ausgestaltung und Integrierung der Schutzbereichsdogmatik[205] in die Grundrechtsprüfung.

Der so definierte Gewährleistungsgehalt als neue dogmatische Figur ermöglicht es folglich durch Analyse und Auslegung, genauere Differenzierungen innerhalb des bislang einheitlich gedachten grundrechtlichen Schutzbereichs vorzunehmen, und so dessen Reichweite zu präzisieren[206], was letztlich auch die Reichweite des rechtsstaatlichen Gesetzesvorbehalts bestimmt.

Mit einem „Mehr" an Argumentation und Darstellung der Gründe für das Abweichen von bisher geltender Dogmatik hätte das BVerfG evtl. auch deutlicher

---

[198] Bleckmann, in DVBl, 1988, S. 377.
[199] Möllers, in NJW, 2005, Rn. 1973.
[200] Klement, in DÖV, 2005, S. 512 f..
[201] Martins, in DÖV, 2007, S. 458.
[202] Kirchhof, in DVBl, 1999, III.1.
[203] Ramsauer, in VA, 1981, S. 102.
[204] Möllers, in NJW, 2005, Rn. 1973.
[205] Ramsauer, in VA, 1981, S. 105.
[206] Rusteberg, 2009, S. 3.

machen können, dass hier die Figur des grundrechtlichen Gewährleistungsgehalts nicht das Konzept des Schutzbereichs ersetzen, sondern lediglich ergänzen soll, womit eben nicht zwingend eine Tendenz zur Verengung der Schutzbereiche intendiert wird und auch das Prüfschema der Grundrechtsanwendung durchaus Geltung behält.

Anhaltspunkte dafür bieten das systematische Vorgehen des Gerichts, indem es zuerst den Schutzbereich der Berufsfreiheit als einschlägig bestimmt und nachfolgend umfassend und fallbezogen analysiert, um so den Gewährleistungsgehalt zu ermitteln.

Für den Gesetzesvorbehalt bedeutet diese Entwicklung, dass – auf das Glykolurteil bezogen – zumindest auf dem Gebiet mittelbar-faktischer Beeinträchtigungen seine unmittelbare, vollumfängliche Geltung sich nicht aus der Einschlägigkeit des Schutzbereichs ergibt, sondern erst durch Bestimmung des Gewährleistungsgehalts ermittelt werden muss, ob die Maßnahme der verfassungsrechtlichen Rechtfertigung bedarf.[207]

2. Die Schutzbereichsanalyse

Die Bestimmung des Gewährleistungsgehalts erfolgt mittels Analyse und Entwicklung des Schutzbereichs.

Dabei geht das BVerfG so vor, dass es zuerst feststellt, welcher Sach- und Lebensbereich erfasst ist, um so die Einschlägigkeit des Grundrechts der Berufsfreiheit festzustellen und zu begründen. Im Anschluss daran wird anhand verschiedener Kriterien und unter Zuhilfenahme des Ausschlussverfahrens ermittelt, wovor das Grundrechts der Berufsfreiheit aus Art. 12 I GG nicht zu schützen vermag; letztlich über eine Negativdefinition, was zum Gewährleistungsbereich gehört und was nicht.

Das BVerfG differenziert dabei zwischen der Freiheit zur Teilnahme am Wettbewerb, die von der Berufsfreiheit des Art. 12 GG geschützt werde, und der tatsächlichen Wettbewerbsposition des einzelnen Wettbewerbers im Konkurrenzkampf[208], wozu auch die Darstellung und Wahrnehmung gehört, die von der grundrechtlichen Gewährleistung nicht erfasst sei.[209]

---

[207] Die Bedeutung der ebenfalls im Urteil umfangreich dargestellten „Vorgaben für staatliche Informationen" soll hier nicht Gegenstand der Untersuchung sein.
[208] BVerfGE 105, 252, in NJW, 2002, Rn. 2622.
[209] Martins, in DÖV, 2007, Fn. 47.

Die Notwendigkeit der Begrenzung der Schutzbereiche wurde in der Literatur vor dem Hintergrund der Erweiterung des Eingriffsbegriffs bereits erörtert und für rechtsstaatskonform als auch notwendig erachtet.[210] Auch die Rechtsprechung hatte dies erkannt.[211] Das BVerwG betont im vorinstanzlichen Urteil die Notwendigkeit einer Klärung, in welchem Umfang die Abwehr von mittelbaren Folgen staatlichen Handelns zum Schutzbereich des Art. 12 I GG gehört.[212] Die Rahmenbedingungen als auch die zur Begrenzung herangezogenen Kriterien und die dieser Vorgehensweise wiederum zugrunde liegenden dogmatischen als auch rechtsstaatlichen Annahmen sollen im Folgenden dargestellt werden, bevor zusammenfassend untersucht werden soll, wie dies im Kontext vor dem Aspekt der Ausgestaltung des Rechtsstaatsprinzips gewertet werden kann.

a) Enge contra weite Schutzbereiche

„Als dogmatischer Zwischenbefund ist danach festzuhalten:
Der Schutzbereich des einschlägigen Grundrechts muss so genau wie möglich bestimmt werden. Im Zweifel ist der Schutzbereich weit auszulegen. Sofern ein Verhalten nicht zweifelsfrei aus dem Schutzbereich ausscheidet, ist das Grundrecht Prüfungsmaßstab ("betroffen")."[213]

"Die Schutzbereiche sind zu weit, die Abwägung ist zu beliebig; was den Grundrechtsträgern auf der einen Seite im Schutzbereich gegeben, wird ihnen auf der anderen Seite durch die Verhältnismäßigkeitsprüfung wieder genommen. So und ähnlich lautet seit ihren Anfängen eine bekannte Klage über Rechtsprechung und herrschende Grundrechtsdogmatik. Kritik an der Konturenlosigkeit der Schutzbereichsbestimmung und der Beliebigkeit der Verhältnismäßigkeitsprüfung hat die Grundrechtsgeschichte der Bundesrepublik durchgehend begleitet."[214]

Beide Zitate sind aus wissenschaftlichen Artikeln entnommen, die sich entweder explizit oder unter Anderem mit der Bestimmung der Schutzbereiche bei staatlichem Informationshandeln beschäftigen.

Auf der einen Seite steht die Auffassung, dass nur mit einer weiten Auslegung der Schutzbereiche[215] die juristische Wirkungskraft des Grundrechts am stärksten Wirkung entfaltet und so der Grundrechtsschutz am wirksamsten garantiert wird,

---

[210] Eckhoff, 1992, S. 232 ff.; Murswiek, in DVBl, 1997 III.3.
[211] BVerwGE 71, 183, in NJW, 1985, Rn. 2776; Pieroth/Schlink, 2008, Rn 236.
[212] BVerwGE 87, 37, in NJW, 1991, Rn. 1767.
[213] Ibler, 2001, S. 148.
[214] Möllers, in NJW, 2005, Rn. 1973.
[215] Im o.g. Zitat von Ibler explizit für den Bereich staatlicher Warnungen.

weil dann die Maßnahmen umfassend gerechtfertigt werden müssen.[216] Dies würde der Autonomie der Menschen, frei darüber zu entscheiden, was er tut und was er lässt, gerecht. Zudem wird von Vertretern dieser Richtung im Allgemeinen auch der Abwägung im Bereich der Rechtfertigung der Vorrang vor einer Schutzbereichslösung (Ermittlung des Gewährleistungsgehalts) gegeben, weil sonst die Kontrollierbarkeit staatlicher Maßnahmen, hier im speziellen die Geltung des rechtsstaatlichen Gesetzesvorbehalts, nicht mehr gegeben wäre.[217]

Dass die Grundrechte jedenfalls im Prinzip auch gegenüber neuen Wirkungsformen (mittelbar) Schutz bieten müssen, erscheint ebenso als bejahendes Argument für die Weitung der Schutzbereiche.[218]

Eine gegenteilige Auffassung vertritt wie Möllers[219] im zweiten Zitat zu Beginn dieses Abschnitts die Ansicht, dass in der „konturenlosen Weite" der Schutzbereiche ein Grundproblem aktueller Grundrechtsdogmatik liegt, da die Weitung der Schutzbereiche weder den grundrechtlichen Schutz der Individuen stärkt, noch probater Lösungsansatz für rechtsstaatliche Anforderungen wie Gewaltenteilung und Rechtsbindung von Exekutive und Legislative vor dem Hintergrund des gesellschaftlichen Wandels ist.

Da der Grundrechtsträger stets sozial in Staat und Gesellschaft eingebettet ist[220], scheint die Schlussfolgerung, dass die Freiheitsrechte keinen absoluten Schutz vor jedweder Beeinträchtigung bieten können und sollen, der Operationalität und der dabei gebotenen Rationalität der Grundrechtsanwendung förderlich und eine intensivere Analyse der grundrechtlichen Schutzbereiche, verbunden mit Differenzierungen nach der Lehre vom Gewährleistungsgehalt als dogmatisch verfolgenswerter Ansatz.

Denn so sehr die Grundrechte einerseits den Gesetzgeber begrenzen, so sehr ist dieser wesentlich und unverzichtbar für die Verwirklichung eben dieser Grundrechte[221], wofür wiederum eine Grundrechtsdogmatik notwendig ist, die die engen rechtlichen Bindungen als grundsätzliche Stärke des Rechtsstaates nicht zu seiner Schwäche werden lassen, indem sie trotz Begrenzung auch Grundlagen bietet für seine Garantenstellung, seine sozialen Gewährleistungsaufgaben und

---

[216] Ibler, 2001, Fn. 25.
[217] Martins, in DÖV, 2007, S. 462 f..
[218] Ramsauer, in VA, 1981, S. 96; vgl. Bleckmann, in DVBl, 1988, S. 377.
[219] Möllers, in NJW, 2005.
[220] Ramsauer, in VA, 1981, S. 102.
[221] Häberle, 1996, S. 532.

rechtsstaatlichen Schutzpflichten, die sich ebenso aus den Grundrechten als ihre objektiv-rechtliche Dimension ergeben.[222] Die bloße stetige Weitung der Schutzbereiche und eine damit einhergehende Schwerpunktsetzung im Kollisions- und Abwägungsdenken bietet nicht zwingend wirksameren grundrechtlichen Schutz mit einem höheren Maß an Rechtssicherheit, sondern auch die Gefahr der Beliebigkeit subjektiver Abwägungskriterien und Abwägungsstrukturen.[223] Das Ziel einer Entwicklung der Dogmatik sollte nach rechtsstaatlichen Kriterien vielmehr sein, den Grundrechten wieder scharfe Konturen zu geben.[224] Um also auf die Weite des reformierten Eingriffsbegriffes und die damit verbundene Erfassung weiter Teile staatlicher Ingerenzen rechtsstaatskonform zu reagieren, kann nach dieser zweiten Auffassung eine stärkere Ausdifferenzierung des Schutzbereichs, ergänzt durch exaktes Arbeiten auf der Rechtfertigungsebene[225] wesentlich mehr zur Rechtssicherheit auf beiden Seiten der Grundrechtsanwendung beitragen.

Auf staatliche Informationstätigkeit als neue staatliche Handlungsform bezogen, schien die Rechtsprechung im Vorfeld jedoch, wohl aus Furcht vor einer (vermeintlich) übermäßigen Bindung des Staates bei einer konsequenten Anwendung grundrechtlicher Maßstäbe und vereinzelter Überlegungen zum Gewährleistungsbereich, zu einem großen Teil auf einem längst überholten Stand der Dogmatik zu verharren.[226]

So wurde das Urteil des BVerfGs in der Literatur vielfach dahingehend interpretiert und kritisiert, dass dem eine Tendenz zu entnehmen sei, zum Zweck der Rationalisierung der Grundrechtsanwendung engere Schutzbereiche für Freiheitsgrundrechte festzulegen[227] bzw. dass mit der Einführung des Gewährleistungsgehalts als Ersatz für den Schutzbereich diese Verengung gerade bezweckt würde.[228] Positive Kritik sah das Urteil als Indiz für einen Dogmenwechsel hin zu engeren Schutzbereichen und weniger Abwägung.[229] Das BVerfG verfolgt in seinem Urteil im Glykol – Fall sicher nicht die Theorie der weiten Schutzbereichsauslegung. Eine Festlegung auf grundsätzlich verengende

---

[222] Hoffmann-Riem, in DVBl, 1999, S. III.3.
[223] Möllers, in NJW, 2005, Rn. 1974.
[224] Kirchhof, 2007, S. 15.
[225] Schliesky, in DVBl, 1999, S. III.2.a)(2).
[226] Ders., ebd., II.1; Ders., ebd., III.2.a).
[227] Martins, in DÖV, 2007, S. 457.
[228] Martins, in DÖV, 2007, S. 458.
[229] Möllers, in NJW, 2005, Rn. 1973 f..

Begrenzung der Schutzbereiche ist dem Urteil jedoch nach dem Verständnis der Verfasserin dieser Studie ebenso wenig zu entnehmen. Mit der Einführung des Gewährleistungsgehalts und dem damit verbunden Bruch mit althergebrachten dogmatischen Strukturen wurde zwar eine Begrenzung der Schutzbereiche, jedoch eine konturierende und somit nicht zwingend verengende verfolgt. Die dogmatische Figur des Gewährleistungsgehalts bietet vielmehr die Möglichkeit der Präzisierung des grundrechtlichen Schutzbereichs, mit der auch eine Erweiterung des grundrechtlichen Schutzes möglich ist.[230]

b) Die Frage nach dem Schutzzweck der Norm

Mit der Analyse des Schutzbereichs fragt das BVerfG explizit nach dem Schutzzweck der Norm, denn mit der Bestimmung des Gewährleistungsgehalts wird ermittelt, wogegen das Grundrecht Schutz bietet und wogegen nicht. Hat die Rechtsprechung vorab für gewöhnlich den Weg über die Lösung von Kollisionslagen, entweder innentheoretisch über eine Kollision im Schutzbereich[231] oder außentheoretisch über eine Schrankendiskussion auf der Stufe der Rechtfertigung[232] gewählt, fragt das Gericht im Glykolfall explizit zur Entscheidung der Frage nach der Grundrechtrelevanz und der Einschlägigkeit des Gesetzesvorbehalts nach dem Schutzzweck der Norm. Vergleichbar deutlich hat die verfassungsgerichtliche Rechtsprechung dies vorab lediglich im Transparenzlistenurteil formuliert, als es feststellte dass "Wann und in welchem Ausmaß gewisse tatsächliche Einwirkungen eine relevante Beeinträchtigung des Grundrechts darstellen, [...] in Ermangelung einheitlicher formaler Eingriffskriterien materiell nach Maßgabe des Schutzzwecks des jeweiligen Grundrechts zu ermitteln [ist]. Dementsprechend ist es geboten, den Schutzbereich der grundrechtlichen unternehmerischen Betätigungsfreiheit aus Art. 12 I (oder Art. 2 I) GG einzugrenzen."[233]

Damit wird die Eingriffsqualität als Kriterium für die Geltung des Gesetzesvorbehalts nicht mehr nur von Art und Form der staatlichen Maßnahme, sondern auch vom Schutzzweck der grundrechtlichen Norm (Effekt und Auswirkung der staatlichen Maßnahme) und damit dem Schutzbereich, der dahingehend intensiver analysiert werden muss, abhängig gemacht, weswegen

---

[230] BVerfGE 113, 63.
[231] BVerwG, 3 C 23/94, in NJW, 1996; BVerwG, 7 C 2/87, in NJW, 1989; BVerwG, 3 C 2/88, in NJW, 1991.
[232] BVerfG 1BvR 881-89, 1989.
[233] BVerwG, 3 C 34/84., in NJW, 1985, Rn. 2776.

eine bloße „Betroffenheit" oder „Eröffnung" des Schutzbereichs im Falle faktischer Beeinträchtigungen nicht ausreichen soll.

Trotz vielfältiger rechtswissenschaftlicher Beiträge und einer weitgehend übereinstimmenden Lehre[234] zur Notwendigkeit, Geeignetheit und der rechtsstaatlichen Konformität einer derartigen Vorgehensweise auf dem Gebiet mittelbar- faktischer Beeinträchtigungen gingen sowohl BVerwG als auch BVerfG in vorangegangenen, ähnlich gelagerten Entscheidungen mit „souveräner Ignoranz"[235] über diese Ansätze hinweg und konzentrierten sich auf die Themen Eingriffsqualifikation, Kollision und Abwägung.

Im Glykolfall führt das BVerfG nun seine Rechtsprechungslinie aus dem Transparenzlistenurteil fort und untersucht das Grundrecht der Berufsfreiheit nach seinem Schutzzweck, um so den Gewährleistungsgehalt zu bestimmen.

Bei der Betrachtung des Schutzzwecks der Grundrechte ist nun aber auch maßgebend, wie Grundrechtsnormen zu verstehen sind.[236] Nach klassisch-liberalem Verständnis[237] als Abwehrrechte gegen den Staat umfasst Art. 12 Abs. 1 GG zunächst ein für das Arbeits- und Wirtschaftsleben zentrales Freiheitsrecht, das dem Einzelnen die freie Entfaltung seiner Persönlichkeit zur materiellen Sicherung seiner individuellen Lebensgestaltung ermöglicht und damit zur Abwehr sämtlicher gezielt gegen die berufliche Freiheit gerichteter Ingerenzen des Staates dienen soll.[238]

Gemäß der öffentlich-rechtlichen Dimension der Grundrechte und dem Doppelauftrag des Verfassungsziels Rechtsstaat[239] ist im Grundrecht der Berufsfreiheit auch eine Aktivierung (Gewährleistung) staatlichen Handelns zu sehen.[240] Dadurch wird deren Abwehrfunktion ergänzt oder auch beschränkt, um sie zur dogmatischen Bewältigung des gesellschaftlichen Wandels zu befähigen.[241]

Es kann also nicht ernsthaft bezweifelt werden, dass es auch, vom Grundgesetz nicht verwehrte, sondern zum Teil ausdrücklich erlaubte oder gar geforderte

---

[234] Ramsauer, VA, 1981, S. 99; vgl. Lübbe-Wolff, in NJW, 1987, Rn. 2711; Schulte, 1995, S. 96; Pieroth, Schlink, 2008, Rn. 236.
[235] Lege, in DVBl, 2007, Rn. 1058.
[236] Hoffmann-Riem, in DVBl, 1999, III.3.
[237] Sodan, in NJW, 2003, Rn. 257.
[238] Tettinger, in DVBl, 1999, C.III.1.
[239] In Korrelation mit dem Sozialstaatsprinzip.
[240] Callies, in DVBl, 2003, Rn 1100; s.a. Ipsen, 1975, S. 185.
[241] Ramsauer 1981, S. 102, 105; s.a. Ladeur, in DÖV, 2007, S. 1.

staatliche Wettbewerbsingerenzen gibt[242], gegen die der Gewährleistungsbereich der Berufsfreiheit keine Abwehrrechte beinhaltet.

Das BVerfG differenziert im Glykol – Urteil zwischen der Freiheit zur Teilnahme am Wettbewerb, die von der Berufsfreiheit des Art. 12 GG geschützt ist, und der tatsächlichen Wettbewerbsposition des einzelnen Wettbewerbers im Konkurrenzkampf, wozu auch die Außendarstellung des Unternehmens am Markt zählt, die von der grundrechtlichen Gewährleistung nicht erfasst ist.[243] Diese Ansicht, das analytische Vorgehen als auch das Ergebnis hinsichtlich des Schutzzwecks der Berufsfreiheit in diesem speziellen Fall[244] begegnete in der Jurisprudenz keinen grundlegenden sachlichen oder rechtsstaatlichen Bedenken.[245]

c) Der Schutzbereich unter Funktionsvorbehalt ?

Das BVerfG geht in seiner Begründung davon aus, dass das Ziel der Rechtsordnung die Markttransparenz als Grundlage der Funktionsfähigkeit des Wettbewerbs ist und daher in Defiziten in der Verfügbarkeit entscheidungserheblicher Informationsinhalte eine Bedrohung der Selbststeuerungskraft des Markts zu sehen ist. Staatliche Informationen, die lediglich dem Ausgleich von Informationsungleichgewichten am Markt dienen, fördern daher die Funktionsweise des Marktes und dienen seiner Erhaltung was wiederum Grundlage der Ausübung der Berufsfreiheit ist. [246]

Damit wird die Ausübung der Berufsfreiheit unter einen Funktionsvorbehalt gestellt und damit unter einen Vorbehalt staatlicher Verantwortung für den Markt, wodurch sich das staatliche Handeln von einer Bedrohung zum Gewährleister eben diesen Freiheitsrechts zu wandeln scheint.[247]

Kritisch wurde dies teilweise gesehen, da mit einer solchen Vorgehensweise der individuelle Freiheitsschutz in den Hintergrund gedrängt werde und so kein Schutzbereich, sondern vielmehr ein Funktionsbereich definiert und damit Beschränkungen von Marktfreiheiten in diese Freiheiten hineingelesen werden, für die nach bisheriger Dogmatik gemäß dem Gesetzesvorbehalt ein demokratisches

---

[242] Schliesky 1999, I.
[243] BVerfGE 105, 252, in NJW, 2002, Rn. 2622; vgl. Martins, in DÖV, 2007, Fn. 47;
[244] Der Schutz vor auf Tatsachen beruhenden, sachlich gehaltenen Informationen zur Herstellung von Markttransparenz sind vom Schutzzweck nicht erfasst.
[245] Lübbe-Wolff, in NJW, 1987, Rn. 2711.
[246] BVerfGE 105, 252, in NJW, Rn. 2622.
[247] Möllers, in NJW, 2005, Rn. 1975 f..

Gesetz als Ermächtigung gefordert wäre. [248] Zudem würde die Legitimation des BVerfGs als Letztinstanz zum Schutz individueller Freiheit in Frage gestellt, wenn das Gericht die Prüfung des Schutzbereichs der individuellen Perspektive entzieht und Kriterien gesamtgesellschaftlicher Funktionalität in die Grundrechtsprüfung integriert. [249]

Dieser Kritik am Vorgehen des Gerichts kann so nicht zugestimmt werden. Ein Großteil der Literatur begegnet der Schutzbereichsprüfung vor einem gesamtgesellschaftlichen Hintergrund nicht mit derart grundlegenden dogmatischen als auch rechtsstaatlichen Bedenken und stellt bei der Beurteilung auf die objektiv – rechtliche Dimension der Grundrechte ab, wobei hier im Speziellen ein funktionaler als auch ein sozialer Aspekt zu betrachten ist.

„Eine Grundrechtsordnung, die sich nicht selbst ad absurdum führen will, kann den einschlägigen Grundrechten nur das Ordnungsziel eines funktionsfähigen, transparenten Wettbewerbs unterstellen."[250] Schon 1987 sah Lübbe-Wolf Inhalt und Reichweite des subjektiv-grundrechtlichen Schutzes der Wettbewerbsfreiheit in Abhängigkeit vom Inhalt des den Grundrechten als Ordnungsziel zugeschriebenen Wettbewerbsmodells, weswegen als Eingriff im Bereich der faktischen Einwirkungen nur diejenige staatliche Intervention anzusehen sei, die diesem Ordnungsziel zuwiderläuft.[251] Hier steht der funktionale Aspekt im Vordergrund, wonach die objektiv-rechtliche Dimension der Berufsfreiheit aus liberaler Sicht die Handlungsbereiche des Staates umfasst, in denen er eine produktive, allgemeine, z.B. technische, wissenschaftliche, kommunikative, rechtliche Infrastruktur für die autonome Ausübung der Berufsfreiheit aus Art. 12 GG schafft bzw. sichert, wenn die Individuen dies selbst nicht oder nur unzureichend bewältigen können.[252] Mit der Emanzipation der objektiv-rechtlichen Komponente von Art. 12 GG vom liberalen Eingriffsabwehrdenken wird so ein Gestaltungsspielraum zur Gewährleistung von Freiheitsrechten durch den Staat eröffnet.[253]

Und der Staat hat eine Gewährleistungsverantwortung hinsichtlich der Funktionsfähigkeit eines Freiheitsbereichs[254], bei der er zwar der Begrenzung durch die Grundrechte unterliegt, die ihn aber gleichzeitig wesentlich und

---

[248] Möllers, in NJW, 2005, Rn. 1976.
[249] Ders., ebd., Rn. 1979.
[250] Lübbe-Wolff, in NJW, 1987, Rn. 2711.
[251] Hoffmann-Riem, in DVBl, 1999, III.3.
[252] Ladeur, in DÖV, 2007, S. 9.
[253] Ders., ebd., S. 2.
[254] Hoffmann-Riem, in DVBl, 1999, S. III.3.

unverzichtbar für die Verwirklichung eben dieser Grundrechte macht.[255]

Beachtend, dass Freiheit der Berufsausübung notwendig zugleich Wettbewerb bedeutet[256], muss der Schutzbereich mithin immer auch vor dem Hintergrund der Eigengesetzlichkeiten des durch Art. 12 GG geschützten Lebensbereichs, namentlich der starken Rolle des Wettbewerbs am Markt[257] analysiert werden. Neben der Pflicht zur Gewährleistung der Funktionalität des Marktes ist ein weiterer Aspekt der objektiv-rechtlichen Dimension der Grundrechte die Begründung von Schutzpflichten[258] nach dem dem Rechtsstaatsprinzip gleichrangigen Sozialstaatsprinzip. Zu dessen normativem Gestaltungsauftrag rechnet die Pflicht des Staates zum Schutz der sozial und wirtschaftlich Schwächeren und damit auch zum Ausgleich von Ungleichgewichtslagen, woraus, auf das Gebiet staatlicher Informationstätigkeit bezogen, kein Grundsatz allgemeiner Öffentlichkeit staatlichen Handelns abgeleitet werden kann. Es kann aber als Gebot, Schwäche, die in der modernen Informationsgesellschaft auch in Unwissenheit und Uninformiertheit bestehen kann, durch geeignete Vorkehrungen zu mindern, ausgelegt werden.[259]

Dabei kann sich die starke rechtsstaatliche Bindung des Staates, die nach liberalem Verständnis Machtstarken und Machtschwachen gleichermaßen zugute kommt, auch als Durchsetzungsschwäche gegenüber privaten Machtträgern, vor allem und insbesondere im wirtschaftlichen Bereich erweisen.[260] Der Staat muss jedoch in der Lage sein, „die vereinfachten Rechtsstrukturen des Marktes mit einer Sozialkultur [zu] umgeben, die den im Wettbewerb Erfolglosen, den wirtschaftlich Notleidenden, den in seinen Zielsetzungen Unökonomischen auffängt und stützt."[261]

Voraussetzung dafür ist aber eine Grundrechtsdogmatik und -praxis, die den Staat befähigt, den subjektiv-rechtlichen und den objektiv-rechtlichen Grundrechtsgehalt in Einklang zu bringen und so das Spannungsverhältnis zwischen Freiheit (Rechtsstaatsprinzip) und Sicherheit (Sozialstaatsprinzip)[262] im Gleichgewicht zu

---

[255] Häberle, 1996, S. 532.
[256] Tettinger, in DVBl, 1999, C.IV.4.
[257] Rusteberg, 2009, S. 86.
[258] Sodan, in NVwZ, 2009, Rn. 546.
[259] Gurlit, in DVBl, 2003, Rn. 1126.
[260] Hoffmann-Riem, in DVBl, 1999, III.3.
[261] Kirchhof, in DVBl, 1999, S. V.4.a).
[262] Callies, in DVBl, 2003, Rn. 1100.

halten, um Gegengewichte gegen private Machtträger zu schaffen[263] sowie den Grundrechtsschutz an die Selbstveränderung der Gesellschaft anzupassen.[264] Es scheint daher bei der Analyse des Schutzbereichs und der Ermittlung des Gewährleistungsbereich nicht nur möglich, sondern sowohl aus dogmatischer als auch aus rechtsstaatlicher Sicht geboten, die objektiv-rechtliche Funktion des betreffenden Grundrechts mit einzubeziehen.

d) Die Aufwertung einfachgesetzlicher Normen

Das BVerfG sieht in den Normen des Wettbewerbsrechts Rahmenbedingungen für das wettbewerbsbezogene Verhalten des Staates, wenn dieser zum Beispiel wettbewerbserhebliche Informationen verbreitet. Dabei erachtet es die Reichweite des Freiheitsschutzes durch eben diese einfachgesetzlichen Normen mitbestimmt, die den Wettbewerb ermöglichen und begrenzen.[265]

Innerhalb des Argumentationskomplexes zur Ermittlung des Gewährleistungsgehalts stellt das BVerfG dann auf das der gesamten Rechtsordnung immanente Ziel der Markttransparenz und dem dazu dienenden Schutz der Verbraucher vor Täuschungen durch Bereitstellung von Informationen und den als beherrschende Leitlinie des Wettbewerbsrechts zum Schutz vor wettbewerbsschädigendem Verhalten, z.B. in Form von Irreführungen, zu sehenden Wahrheitsgrundsatz ab. Die Normen des Wettbewerbsrechts (hier namentlich das UWG) werden neben den grundrechtlichen Normen als zusätzliche Rahmenbedingungen und gleichzeitig als Grenze für staatliches wettbewerbsbezogenes Handeln definiert[266], woraus abgeleitet wird, dass im Sinne der Einheit der Rechtsordnung keine Abwehrrechte gegen staatliche Informationsmaßnahmen, die dem sowohl vom Wettbewerbsrecht als auch dem Grundgesetz verfolgten Ziel der Funktionsfähigkeit des Wettbewerbs dienen, im Gewährleistungsbereich der Berufsfreiheit enthalten sein können.

Staatliche Maßnahmen, nicht nur in Form von parlamentarischen Gesetzen, die die Funktionsfähigkeit eines Freiheitsbereichs gewährleisten sollen, müssen nicht notwendig als Eingriffe in Grundrechte qualifiziert werden. Sie können auch Grundrechtsausgestaltungen sein, die nicht ausschließlich am für Grundrechtseingriffe entwickelten Maßstab beurteilt, sondern bei denen auch im

---

[263] Ladeur, in DÖV, 2007, S. 8.
[264] Hoffmann-Riem, in DVBl, 1999, III.3.
[265] BVerfGE 105, 252, in NJW, 2002, Rn. 2622.
[266] Schliesky, in DVBl, 1999, III.2.b)(1).

objektiven Recht verankerte Interessen berücksichtigt werden müssen, die ohne staatliche Ausgestaltung des Freiheitsbereichs zu kurz kämen.[267]

Auch hierbei kommt, wie schon vorab beim Funktionsvorbehalt, zum Tragen, dass der parlamentarische Gesetzgeber, so sehr er auch die Freiheit gefährden kann, wesentlich zur Verwirklichung der Grundrechte beitragen muss. Einigkeit herrscht daher mehrheitlich darüber, dass das Parlamentsgesetz auch die Aufgabe der Grundrechtsausgestaltung hat.[268]

Dass folglich einfachgesetzliche Normen auch zur Differenzierung innerhalb des Schutzbereichs und damit auch gegebenenfalls zu dessen Begrenzung herangezogen werden können, birgt zwar scheinbar das Risiko, dass der Gesetzgeber selbst den Umfang des Grundrechtsschutzes bestimmen kann[269], wie vielfach kritisiert wird. Dabei wird jedoch übersehen, dass, explizit auf die Berufsfreiheit bezogen, jede Beeinflussung des Wettbewerbs, wie sie z.B. aus der Gesamtheit des Wettbewerbsrechts resultiert, in irgendeiner Form Rechtspositionen von Wettbewerbern und damit auch deren Schutzbereich der Berufsfreiheit berührt.[270] Da jedwede unternehmerische Betätigung vom Sach- und Lebensbereich der Berufsfreiheit erfasst ist, unterfallen dieser, konsequent weitergedacht, also auch irreführende oder gar verbotene Handlungen. Die im Gewährleistungsbereich des Grundrechts der Berufsfreiheit enthaltenen subjektiven Abwehrrechte begründen hier jedoch keinen Schutz gegen die einfachgesetzlichen Normen, die eben dieses Verhalten untersagen.

Der Gesetzgeber ist folglich mittelbar an der Ausgestaltung der Grundrechte grundsätzlich beteiligt, wobei hier die Rechtsbindung an die Verfassung und deren Kontrolle mittels der Möglichkeit der abstrakten Normenkontrolle den rechtsstaatlichen Anforderungen an die Gewaltenteilung Rechnung trägt.

Im Glykol – Fall zieht das BVerfG Normen des UWG bei der Analyse des Schutzbereichs und Bestimmung des Gewährleistungsgehalts der Berufsfreiheit heran. Vor dem Hintergrund, dass im Sinne der Schutznormlehre die Grundrechte und die Vorschriften des UWG als Verhaltensrecht nebeneinander stehen, dafür auch das Prinzip der Einheit der Rechtsordnung spricht und auch in der Rechtswissenschaft die Möglichkeit der Ausgestaltung des grundrechtlichen

---

[267] Hoffmann-Riem, in DVBl, 1999, S. III.3.
[268] Häberle, 1996, S. 531.
[269] Ibler, 2001, S. 158.
[270] Schliesky, in DVBl, 1999, III.2.

Schutzes durch den Gesetzgeber anerkannt ist, bestehen auch gegen Anwendung dieses Kriteriums keine Bedenken.

3. Zusammenfassung

Das BVerfG führt in seiner Urteilsbegründung die Differenzierung zwischen Schutzbereich und Gewährleistungsbereich ein, wobei der Schutzbereich als den Sach- und Lebensverhalt beschreibende Größe die Einschlägigkeit des Grundrechts bestimmt, während der Gewährleistungsgehalt als normative Größe den Umfang der subjektiven Abwehrrechte gegen staatliche Ingerenzen definiert. Mit dieser intensivierten Analyse und Prüfung auf der Schutzbereichsebene durchbricht das Gericht das bisher angewendete Prüfungsschema, wonach die bloße „Eröffnung" oder „Betroffenheit" des bislang einheitlich gesehenen Schutzbereichs eines Grundrechts genügte, um über die zweite Stufe der Eingriffsqualifizierung die Rechtfertigungsbedürftigkeit gemäß dem Gesetzesvorbehalt zu begründen. Mit der Differenzierung innerhalb des Schutzbereichs wird explizit nach dem Schutzzweck des Grundrechts gefragt. Die Frage danach, ob eine staatliche Informationsmaßnahme aufgrund ihrer mittelbar-faktischen Auswirkungen einer Ermächtigung nach dem Gesetzesvorbehalt bedarf, wird hier unter Einbeziehung des Effekts der Maßnahme und nicht mehr allein durch Form und Gestalt der Maßnahme beantwortet, die nach der bisher geltenden Dogmatik als Mittelpunkt der Eingriffsqualifikation nach der Eröffnung des Schutzbereichs über die Notwendigkeit der verfassungsrechtlichen Rechtfertigung entschied. Im Glykol - Urteil wird für die Geltung des Gesetzesvorbehalts und damit für die Forderung nach einer Ermächtigung bei grundrechtsrelevanten informellen Maßnahmen eine zusätzliche, das bisherige Prüfungsschema verändernde, weil ergänzende Bedingung eingefügt. Das Handeln, das durch die staatliche Maßnahme beeinträchtigt wird, muss nicht mehr nur vom Lebens- und Sachbereich erfasst, sondern Inhalt des Gewährleistungsbereichs des Grundrechts, hier der Berufsfreiheit, sein. Erst und nur, wenn dieser Filter passiert ist, kommt über die Eingriffsqualifizierung der Gesetzesvorbehalt zum Tragen.

Diese zusätzliche Hürde könnte so interpretiert werden, dass hiermit der Gesetzesvorbehalt als Element des Rechtsstaatsprinzips missachtet oder in seiner Wirkung zumindest geschwächt wird, um die verfassungsrechtliche

Rechtfertigung bei staatlichem Informationshandeln zu umgehen und so ein „Sonderregime"[271] zu errichten.

Dabei wird jedoch teilweise außer Acht gelassen, was eigentlich die Aussage des Gesetzesvorbehalts mit sich bringt:

"Kein Grundrechtseingriff ohne Gesetz. Wer Eingriff sagt, muss auch Gesetzesvorbehalt sagen. Für staatliche Öffentlichkeitsarbeit bedeutet dies: Soll sie gesetzesfrei erfolgen, so kann sie nur zulässig sein, wenn sie entweder keinen Eingriff darstellt oder aber aufgrund ihrer Besonderheiten eine Ausnahme von dem Satz: „Kein Eingriff ohne Gesetz" zu begründen vermag."[272]

Eine Ausnahme vom Grundsatz des Gesetzesvorbehalts kann aufgrund seiner rechtsstaatlichen Funktion, Zugriffe auf grundrechtlich geschützte Freiheitsbereiche vorhersehbar, berechenbar und messbar werden zu lassen[273], nicht begründet werden, auch wenn die Rechtsprechung bereits im Vorfeld als auch im Parallelurteil zum Osho – Fall, auf den das Gericht auch im Glykol – Urteil Bezug nimmt, die Bemühungen und Kritik der Literatur souverän ignorierend, diesen Weg geht.

Wenn auch Ansätze der Unterscheidung nach Bekanntmachungen der Regierung als Antwort auf parlamentarische Anfragen, für die die Verfassungsaufgabe ausreichen soll, und Bekanntmachungen der Regierung, die direkt an die Bevölkerung gerichtet sind, für die wiederum der Gesetzesvorbehalt in vollem Umfang Geltung finden soll, in der Literatur diskutiert werden[274], so ist in der Vorgehensweise der Rechtsprechung in der vorliegenden Allgemeinheit eine Missachtung des Rechtsstaatsprinzips zu sehen. Der Gesetzesvorbehalt wird außer Kraft gesetzt und die Begründungsversuche des Gerichts scheinen politisch motiviert und ergebnisorientiert.

Bei mittelbar-faktischen Auswirkungen von staatlichen Informationsmaßnahmen ist aber von entscheidender Bedeutung, dass das staatliche Handeln eben gerade nicht die klassischen Eingriffsmerkmale aufweist. Die als Reaktion darauf erfolgten bisherigen Bemühungen zur Entwicklung und Festigung eines modernen Eingriffsbegriffs bei gleichzeitiger Weitung der Schutzbereiche hatte zu keinem konsensfähigen Ergebnis zur Bewältigung der Herausforderungen der Entwicklung dieser neuen Handlungs- und Wirkungsformen geführt. Allein über den Bereich

---

[271] Murswiek, in DVBl, 1997, C.
[272] Gusy, in NJW, 2000, Rn. 982.
[273] Schliesky, in DVBl, 1999, III.2.a)(3).
[274] Klement, in DÖV, 2005, Fn. 74.

der Eingriffsqualifikation schien das Problem der Notwendigkeit, neue Begrenzungskriterien finden zu müssen, nicht nachhaltig lösbar zu sein. Bei diesen Bemühungen und Weiterentwicklungen wurde, nicht in der Literatur, wohl aber in der Rechtsprechung und der dort angewendeten Prüfungsschemata der zweite Bestandteil des Tatbestands eines Grundrechts, nämlich der Schutzbereich, fast völlig außer Acht gelassen.

Ein Eingriff kann gemäß Definition ebenso nicht vorliegen, wenn das Handeln, das durch die staatliche Maßnahme beeinträchtigt ist, nicht vom Schutz des Grundrechts erfasst ist und somit eben nicht die Rechtsfolge des Gesetzesvorbehalts ausgelöst wird.

Diesem neuen, bisher nur im Transparenzlistenurteil ähnlich dargestellten Ansatz, verfolgt das BVerfG im Glykol – Urteil, indem es den Schutzbereich der Berufsfreiheit untersucht und analysiert, ob dieser tatsächlich grundrechtlichen Schutz in Form der Notwendigkeit einer Ermächtigung gegen die Listenveröffentlichung bietet.[275]

Wenn also das BVerfG hier einen neuen Ansatz in einer intensivierten Analyse des Schutzbereichs in der dargestellten Form verfolgt, so hält es sich strikt an die Vorgaben des Gesetzesvorbehalts, der besagt, dass keine Ermächtigung gefordert wird, wenn kein Eingriff vorliegt. Dafür wurde bisher stets auf die Eingriffsqualifikation, also vorrangig auf die Art der Maßnahme abgestellt. Wie in der Rechtswissenschaft bereits umfassend dargestellt, greift nun auch die Rechtsprechung im Bereich staatlichen Informationshandelns die Tatsache auf, dass bei mittelbar-faktischen Auswirkungen auch der Effekt, die Wirkung der Maßnahme zur Eingriffsqualifikation als Kriterium herangezogen werden muss. Wurde dies zwar ebenso bisher im Bereich der Eingriffsprüfung in Form der Intensität oder Schwere der Beeinträchtigung verwirklicht, wird hier der Effekt der Maßnahme als Kriterium auf der Prüfungsstufe des Schutzbereichs herangezogen.

Die Definition des modernen Eingriffsbegriffs besagt, dass jedes staatliche Handeln, das dem Einzelnen ein Verhalten, das in den Schutzbereich eines Grundrechts fällt, ganz oder teilweise unmöglich macht, gleichgültig ob diese Wirkung final oder unbeabsichtigt, unmittelbar oder mittelbar, rechtlich oder

---

[275] Ramsauer, in VA, 1981, S. 102.

tatsächlich (faktisch, informal), mit oder ohne Befehl und Zwang erfolgt, ein Eingriff ist.[276]

Als Kriterien für das Vorliegen eines Eingriffs, der wiederum den Gesetzesvorbehalt auslöst, muss also neben der Beeinträchtigung des Handelns des Einzelnen dieses Handeln im Schutzbereich eines Grundrechts liegen. Dass die Rechtsprechung sich nun intensiver der Frage widmet, wann genau dies tatsächlich der Fall ist und in diesem Zusammenhang auch solche dogmatischen Institute wie den Schutzbereich mit seiner Filterfunktion[277] auf einen kritischen Prüfstand stellt, erscheint folgerichtig und aufgrund der Tatsache, dass sich die Lehre bereits mit Aufkommen der mittelbar-faktischen Beeinträchtigungen mit diesem Thema auseinandergesetzt hat, begrüßenswert.

Die Spezifizierung des Grundrechtsschutzes über den Gewährleistungsbereich[278] kann als Tendenz der Rechtsprechung zur Begrenzung des grundrechtlich gewährleisteten Freiheitsbereichs gesehen werden.[279] Die Begrenzung erfolgt hier jedoch konturierend und ausgestaltend und nicht grundsätzlich beengend mit dem Ziel, die rechtsstaatlich geforderte Rechtfertigung zu umgehen. [280]

Die Kriterien[281], die dabei zur Differenzierung und Begründung herangezogen werden, sind objektiver Natur. Sie beziehen die objektiv-rechtliche Dimension der Grundrechte nicht in Form von kollidierenden Schranken in der Abwägung, sondern in Form einer kompensatorischen und in dieser Funktion ergänzenden oder eben auch begrenzenden Rolle zur klassisch-liberalen Abwehrfunktion mit in die Frage nach dem Gewährleistungsbereich des Grundrechts ein. Damit entscheidet sich das BVerfG gegen den bis dahin vielfach angewendeten Weg der Abwägung kollidierender Verfassungsgüter auf Schutzbereichs- oder auch Rechtfertigungsebene, dem in der Rechtswissenschaft als eine „Abwägungseuphorie ohne objektivierbare Kriterien"[282], als „Verfassungslotto" [283] mit „beliebigen Abwägungsstrukturen" [284] zunehmend kritisch begegnet wurde, da hinterfragt wurde, inwiefern überhaupt rationales Abwägen möglich ist, wenn nicht klar war, welche Verfassungsgüter welchen Rang einnehmen und wie abzuwägen ist.

[276] Pieroth/Schlink, 2008, Rn. 240.
[277] Klement, in DÖV, 2005, S. 512 f..
[278] Rusteberg, 2009, S. 3.
[279] Martins, in DÖV, 2007, S. 457.
[280] Andere Ansicht: Sodan, in NVwZ, 2009, Rn. 548.
[281] Hier die Schutzzwecklehre, gesamtgesellschaftlicher Hintergund, Einheit der Rechtsordnung.
[282] Martins, in DÖV, 2007, Fn. 63.
[283] Tettinger, in DVBl, 1999, C.IV.2.
[284] Möllers, in NJW, 2005, Rn. 1974.

Diese Abkehr von der bis dahin durch den Grundsatz der Verhältnismäßigkeit und die Abwägung geprägten Grundrechtsdogmatik[285] hatte entscheidende Auswirkungen auf den Gesetzesvorbehalt.

Die Rechtsprechung entwickelt hier die Bedingungen für die Geltung des Gesetzesvorbehalts differenzierend, den veränderten Handlungs- und Steuerungsformen des Staates und damit einhergehend den ebenso veränderten Wirkbedingungen eben dieser Maßnahmen entsprechend weiter, indem es nicht die Frage nach dem „Ob" oder dem „Wie" untersucht, sondern das „Wann" in den Mittelpunkt der Analyse stellt und damit gleichzeitig die ausnahmslose Geltung des Gesetzesvorbehalts voraussetzt. [286]

Dabei steht die Geltung des Gesetzesvorbehalts nicht mehr in Abhängigkeit von subjektiven Abwägungskriterien hinsichtlich der Bewertung der betroffenen Grundrechte und in Frage kommenden Verfassungsgüter. Im Glykolfall gestaltet die Rechtsprechung durch Anwendung der in der Rechtswissenschaft aufgekommenen Theorien zur Differenzierung des Schutzbereichs an objektiven Gesichtspunkten und Lehren orientierte Bedingungen zur Geltung des Gesetzesvorbehalts bei mittelbar-faktischen Auswirkungen.

Diese Ausgestaltung kann kritisch hinsichtlich der im Urteil nach der Schutzbereichsanalyse dann inkonsequent erfolgten Subsumierung bezüglich der Qualifikation der Warnung gesehen werden. Den Grundannahmen im Bereich der Schutzbereichsanalyse jedoch, die das BVerfG hier zur Anwendung bringt, können keine rechtsstaatlichen Bedenken entgegenstehen. Wohl aber müssen auch die Risiken, hier die Umgehung und Aushöhlung der abwehrgrundrechtlichen Rechtfertigungsanforderungen[287] gesehen werden, die diese Vorgehensweise birgt. Dann würde eine derartige Ausgestaltung in der Tat zu einem grundrechtlichen „Sonderregime für die Informationstätigkeit des Staates"[288] führen.

Wenn also vor allem die Einbeziehung der objektiv-rechtlichen Dimension in das Gewährleistungskonzept auf der Prüfstufe des Schutzbereichs großes Potenzial zur Installation objektiver Kriterien für die Geltung des Gesetzesvorbehalts bietet, so muss gleichzeitig im stetigen Spannungsfeld zwischen Rechtsstaatsprinzip und Sozialstaatsprinzip darauf geachtet werden, dass der liberale Gehalt der

---

[285] Elsner, in DVBl, 2007, Rn. 278.
[286] Auch im Osho – Urteil bejaht das Gericht die Geltung des Gesetzesvorbehalt und gestaltet das „Wie", indem es für mittelbar-faktische Beeinträchtigunen eine Verfassungsaufgabe als ausreichend anerkennt.
[287] Cornils, 2005, S. S.34.
[288] Faßbender, in NJW, 2004, Rn. 816.

Eingriffsabwehrrechte durch den sozialen Gestaltungsauftrag und seine Garantenfunktion nicht derart überlagert wird, dass der Staat hieraus eine Carte blanche für die Umverteilung zugunsten der bedürftigen Individuen konstruiert [289] und so die objektiv-rechtliche Dimension der Grundrechte zur Gewinnung einer staatlichen "Einschätzungsprärogative" für die sozialstaatliche "Optimierung" instrumentalisiert wird. [290]

E. Konsequenzen und Perspektiven
I. Grundrechtsdogmatisch

Nach dem hier dargestellten Verständnis der Intentionen und Aussagen des BVerfGs bietet das Glykol – Urteil verfolgenswerte Ansätze zur Definition einer Grundrechtsdogmatik nicht nur für staatliches Informationshandeln sondern auch für die Grundrechtsanwendung bei mittelbar – faktischen Auswirkungen allgemein.[291] Dabei wird die uneingeschränkte Geltung des Gesetzesvorbehalts bei Eingriffen, also das „Ob" vorausgesetzt und aufgrund neuer Handlungs- und Wirkformen staatlicher Maßnahmen das „Wann", also die Bedingungen analysiert. Das BVerfG versucht, mit der Einführung eines neuen dogmatischen Instituts, dem Gewährleistungsbereich, innerhalb des bisher einheitlich gedachten Schutzbereichs genauere Differenzierungen vorzunehmen und so dessen Reichweite zu präzisieren.[292]

Überzeugend ist dies leider nicht gelungen, da das Gericht die Terminologie nicht konsequent einsetzt, die Gründe für das Abweichen von der bisherigen Dogmatik nicht darstellt und zudem in der Subsumtion hinsichtlich der Darstellung der Listenveröffentlichung als Warnung, die eigentlich bei konsequenter Anwendung der vorab definierten Bedingungen als funktionales Äquivalent zu qualifizieren gewesen wäre, inkonsistent wird und damit den Eindruck einer ergebnisorientierten Begründung erweckt.

Hier soll sich jedoch darauf konzentriert werden, welche dogmatische Chance bzw. Perspektive in der Verfolgung des oben dargestellten Ansatzes gesehen werden kann.

---

[289] Ladeur, in DÖV, 2007, S. 4; s.a. Augsberg, in DVBI, 2007, Rn. 734.
[290] Ladeur, in DÖV, 2007, S. 10.
[291] Hierbei sollen die Aussagen zu den Vorgaben für staatliches Informationshandeln als auch die Bezüge zum Osho-Urteil hinsichtlich der Ermächtigung unbeachtet bleiben. Es soll sich nur auf die Schutzbereichsanalyse im Speziellen konzentriert werden.
[292] Rusteberg, 2009, S. 3.

Mit der Präzisierung der Reichweite des Schutzbereichs geht auch eine Präzisierung der Reichweite des Gesetzesvorbehalts einher, die zentraler Streitpunkt auf dem Gebiet mittelbar-faktischer Auswirkungen staatlicher Maßnahmen ist. Die Rechtswissenschaft will den Gesetzesvorbehalt auch vollumfänglich gültig für jedwede Art von Beeinträchtigungen von Grundrechten sehen, während die Rechtsprechung in den neuen Handlungsformen des Staates eine „mildere Form des Eingriffs" sieht, die als Beeinträchtigung auch anders bezeichnet wird und für die geringere Anforderungen an die verfassungsrechtliche Rechtfertigung zu stellen sind[293], mithin der Gesetzesvorbehalt gar nicht oder nur in abgeschwächter Form gilt.

Mit dem, zumindest in der Prüfungsdogmatik neuen, Institut des Gewährleistungsgehalts können mit den Instrumenten der bestehenden Dogmatik auch die sich durch neue staatliche Handlungsformen ergebenden Probleme auf grundrechtlicher Ebene angemessen gelöst werden.[294] Dazu muss, ausgehend von den sich aus den Definitionen des Gesetzesvorbehalts und des modernen Eingriffsbegriffs ergebenden Aussagen, untersucht werden, wann tatsächlich ein Eingriff vorliegt, der den Gesetzesvorbehalt auslöst, wozu eben nicht nur die Eingriffsqualifikation gehört, sondern gemäß dem modernen Eingriffsbegriff auch die Analyse, ob das fragliche Handeln vom Schutz des Grundrechts umfasst ist. Beide Tatbestände müssen gleichermaßen geprüft werden.

Der grundrechtliche Gewährleistungsgehalt könnte als neues dogmatisches Institut in das moderne Dreierschema im Bereich des Grundrechtstatbestands, nämlich der Schutzbereichsprüfung integriert werden. Damit wäre das dogmatisch aus rechtsstaatlicher Sicht wichtige Prüfungsschema gewahrt, aber eine Möglichkeit gefunden, auf die Herausforderungen neuer staatlicher Handlungsformen zu reagieren. Eine unkontrollierte Ausweitung des Gesetzesvorbehalts nach altem Eingriffs-Schranken-Denken auf staatliche Maßnahmen, die keines der Kriterien der klassischen Eingriffsdogmatik erfüllen, erscheint wenig sinnvoll und macht die grundrechtliche Überprüfung staatlichen Handelns nicht nur zu einer „subjektiven Abwägungslotterie", sondern auch nahezu unoperationabel, allein schon aus Bewältigungsgesichtspunkten.

---

[293] Bleckmann, in DVBl, 1988, S. 380.
[294] Gusy, in NJW, 2000, Rn. 986.

Die Notwendigkeit der Unterscheidung von klassischen Eingriffen und modernen „Beeinträchtigungen" als neue Eingriffsform, für die die Geltung des Gesetzesvorbehalts als umstritten galt, ist dann nicht mehr notwendig. Um diese Ergänzung der Schutzbereichsdogmatik innerhalb des Prüfungsschemas zudem objektiv zu untermauern, muss ergänzend dazu die objektiv – rechtliche Dimension der Grundrechte, die in die neu definierte Schutzbereichsanalyse eben nicht mehr als Abwägungskriterium einfließen soll, spezifiziert werden[295], immer unter Beachtung des Wandels, dem der Gehalt der Grundrechte wie die gesamte Verfassung unterliegt. [296]

Die Rechtsprechung hat mit der im Glykol – Urteil vorgenommenen entwickelnden Ausgestaltung dogmatische Strukturen in Frage gestellt, um so Raum zu schaffen, rechtsstaatliche Elemente wie den Gesetzesvorbehalt wieder an objektive Kriterien und Bedingungen zu binden.

Die Rechtswissenschaft hat nun die Aufgabe, sicher auch kritisch ob der Defizite im Argumentationskomplex, aber trotzdem auch konstruktiv diese Ansätze aufzugreifen, um der „Hypertrophie […] einer ausufernden Grundrechtsdogmatik (mit übersteigerten Objektivierungen, Überdehnung staatlicher Schutzpflichten und exzessiver Nutzung verfassungskonformer Auslegung)" [297] entgegenzuwirken und die Neuausrichtung, die sich eben in erster Linie auf der Schutzbereichs- und Eingriffsebene abspielt[298], zu gewährleisten, um so der Jurisprudenz und insbesondere der Grundrechtsdogmatik Qualität und Überzeugungskraft zurück zu geben.

II. Rechtsstaatlich
1. Staatliches Informationshandeln und Gesetzesvorbehalt

"Hier haben BVerfG und akademische Rechtswissenschaft für eine Hypertrophie gesorgt, die kaum noch zu überschauen ist - mit der Folge, dass auch nicht mehr vorhersehbar ist, nach welcher Theorie am Ende entschieden werden wird. Die langjährige Diskussion um den richtigen Begriff des Grundrechtseingriffs im Fall mittelbarer und faktischer Beeinträchtigungen auf der einen Seite, die souveräne Ignoranz, mit der auf der anderen Seite das BVerfG darüber in den Entscheidungen zu

---

[295] Ladeur, in DÖV, 2007, S. 10.
[296] Hoffmann-Riem, in DVBl, 1999, I.
[297] Tettinger, in DVBl, 1999, C.IV.5; s.a. Lege, in DVBl, 2007, Rn. 1058.
[298] Martins, in DÖV, 2007, S. 458.

staatlichen Warnungen hinweggegangen ist, sprechen für sich"[299]

Die rechtsstaatliche Betrachtung staatlicher Informationstätigkeit hat zu wenig Konsens geführt, vielmehr führte die bemängelte Hypertrophie in der Lehre und die gegenüber stehende Ignoranz der Rechtsprechung zu mangelnder Rechtssicherheit und Infragestellung der Wertigkeit oder auch Praktizierbarkeit rechtsstaatlicher Institute wie des Gesetzesvorbehalts auf dem Gebiet neuer staatlicher Handlungsformen. Der Bedeutungszuwachs des "Rohstoffs" Information[300] als steuerungstheoretisches Instrument fordert eine Ausgestaltung des Rechtsstaatsprinzips in Form neuartiger Konkretisierungen und Differenzierungen rechtsstaatlicher Elemente wie des Gesetzesvorbehalts[301] auf diesem Gebiet.

Wie oben dargestellt, kann der Ansatz des BVerfGs für den Gesetzesvorbehalt, seine Reichweite und Geltung bei mittelbar-faktischen Auswirkungen staatlichen Informationshandelns als erster Schritt in diese Richtung verstanden werden[302]. Der Gesetzesvorbehalt ist als Mittel zur Verwirklichung rechtsstaatlicher[303] Anliegen[304] fester Bestandteil des Rechtsstaatsprinzips und daran dürfen wegen der Funktion des Rechtsstaates als Bewahrer der Souveränität des Rechts auch bei Auftreten neuer staatlicher Handlungsformen keine Abstriche gemacht werden. Eine Ausnahme bei nichtklassischen Eingriffen darf es folglich nicht geben.[305] Ausgestaltung muss hier vielmehr das Ziel haben, die Bedingungen des Auslösens des Gesetzesvorbehalts an veränderte Handlungsformen und Wirkbedingungen anzupassen.

Mit der Integrierung von in der Rechtswissenschaft schon etablierten Erkenntnissen zur Schutzbereichsdogmatik realisiert das BVerfG hier seinen Gestaltungsauftrag, objektive Kriterien zur Eingriffsqualifikation schon auf Schutzbereichsebene einzubinden, um gemäß dem modernen Eingriffsbegriff die Bedingungen zum Eingreifen des Gesetzesvorbehalts neu zu interpretieren. Wenn sich also informelle Staatstätigkeit mittelbar-faktisch auswirkt, ist das Vorliegen eines Eingriffs, für den Vorgaben zur Rechtfertigung nach dem Gesetzesvorbehalt ausnahmslos gelten, nicht nur auf der Prüfungsstufe des Eingriffs anhand in Lehre und Rechtsprechung anerkannter Kriterien festzustellen.

---

[299] Lege, in DVBl, 2007, Rn. 1058.
[300] Augsberg, in DVBl, 2007, Rn. 741.
[301] Spiecker, in DVBl, 2007, Rn. 1083.
[302] Unabhängig von den Mängeln in den anderen Bereichen der Urteilsbegründung.
[303] Und auch demokratischer.
[304] Stüer, in DVBl, 2004, Rn. 749.
[305] Schliesky, DVBl, 1999, III.2.a)(3).

Es muss zusätzlich analysiert werden, ob die vorliegende Beeinträchtigung Ausdruck derjenigen Gefahr ist, gegen die das Grundrecht gerade Schutz bieten will.[306] Zur Beantwortung dieser Frage ist eine intensivierte Prüfung auf der Schutzbereichsebene vorzunehmen und der Gewährleistungsbereich ist zu ermitteln.

Rechtsstaatlich ist so den Anforderungen des Gesetzesvorbehalts, der besagt, dass ein Eingriff in ein Grundrecht der parlamentarischen Ermächtigung bedarf, Genüge getan. Die durch die Ausgestaltung in die Prüfungsdogmatik neu integrierte Bewertung der Auswirkungen einer staatlichen Maßnahme schon auf der Prüfungsstufe des Schutzbereichs scheint ungewöhnlich, ist aber in Lehre und Rechtswissenschaft durchaus anerkannt und aus rechtsstaatlicher Sicht aufgrund der starken Korrelation von Schutzbereich und Eingriff nicht bedenklich.[307]

Mit einer Weiterentwicklung des von der Rechtsprechung im Glykol – Urteil vorgestellten dogmatischen Ansatzes bietet sich die Chance, auch auf dem Gebiet staatlichen Informationshandelns als Modus mittelbar-faktischer Grundrechtsbeeinträchtigungen zu konsistenten und aus rechtsstaatlicher Sicht juristisch richtigen Lösungen zu gelangen.[308]

2. Auswirkungen

a) für den Grundrechtsträger

Wenn nach den rechtsstaatlichen Auswirkungen auf den Grundrechtsträger gefragt wird, ist danach zu fragen, ob und wie eine wie oben dargestellte Ausgestaltung des Rechtsstaatsprinzips durch die Rechtsprechung, bei der Bedingungen und Kriterien zum Eingreifen des Gesetzesvorbehalts definiert werden, den Grundrechtsträger in der Wahrnehmung seiner Grundrechte beeinflusst.

Dabei ist zuerst zu beachten, dass die Rechtsprechung außer auf beteiligte Parteien keinen direkten Einfluss auf die Grundrechtsträger ausübt und somit keine verbindlichen Wirkungen auf die Wahrnehmung der Grundrechte hat. Jedoch trägt das BVerfG mit der Auslegung und Anwendung von Verfassungsbestimmungen und mittels seiner Entscheidungen, mit denen es die

---

[306] Ramsauer, in VA, 1981, S. 102.
[307] Pieroth, Schlink, 2008, Rn. 236.
[308] Sachs, in DVBl, 2007, Rn. 681.

Geltungskraft des Grundgesetzes durch verbindliche Auslegung und Rechtsfortbildung sichert, zum Wandel des Verfassungsrechts bei. [309]

Es soll daher untersucht werden, wie sich der vom Gericht verfolgte Ansatz im Sinne der intensivierten Schutzbereichsanalyse und einer darauf basierenden Konturierung und Ausgestaltung der Schutzbereiche der Grundrechte auf den Grundrechtsträger auswirkt.

Der Grundrechtsträger ist im sozialen Rechtsstaat im Zeitalter der Kommunikationsgesellschaft mehr und subtileren Einflüssen des Staates,[310] und damit auch auf seine Freiheitswahrnehmung ausgesetzt.

Ausgehend davon, dass im Rechts- und Sozialstaat Freiheit „…stets nur als vom Recht erfasste (keine rechtsfreien Räume), damit aber auch durch das Recht begrenzte, weil irgendwo an die Grenzen der Freiheit des anderen stoßenden Freiheit sinnvoll vorstellbar ist …"[311] ergibt sich, dass die Grundrechte keinen absoluten Schutz vor jedweder Beeinträchtigung bieten können[312], da der Staat auch befähigt sein muss, seine sich aus der objektiv-rechtlichen Dimension und dem Sozialstaatsprinzip ergebenden Schutz- und Gewährleistungspflichten wahrzunehmen. [313]

Wenn weiterhin davon ausgegangen wird, dass die rechtsstaatliche Funktion des Gesetzesvorbehalts aus Sicht des Grundrechtsträgers ist, Zugriffe auf grundrechtlich geschützte Freiheitsbereiche vorhersehbar, berechenbar und messbar werden zu lassen[314], so liegt es in deren Interesse, die geschützten Freiheitsbereiche zu präzisieren. Diesem Anliegen dient eine intensivierte Schutzbereichsanalyse mit der Differenzierung zwischen Schutzbereich und Gewährleistungsgehalt, so lange hierbei objektive Kriterien zugrunde gelegt werden.

Diese Vorgehensweise bei der Grundrechtsanwendung stärkt also aus rechtsstaatlicher Perspektive den Grundrechtsträger hinsichtlich der Rechtssicherheit.

Gleichzeitig besteht bei Anwendung ebendieser Kriterien wie dem Schutzzweck, den einfachgesetzlichen Normen als Rahmen und der Bewertung vor dem gesamtgesellschaftlichen Hintergrund auch stets das Risiko, dass

---

[309] Sodan, in NVwZ, 2009, Rn. 546.
[310] Ibler, 2001, S. 152; s.a. Pieroth, Schlink 2008, S. 239.
[311] Cornils, 2005, S. 499.
[312] Ramsauer, in VA, 1981, S. 102; s.a. Kirchhof, in DVBl, 1999, V.3.
[313] Hoffmann-Riem, in DVBl, 1999, III.3.
[314] Schliesky, in DVBl, 1999, III.2.a)(3).

Freiheitsbereiche begrenzt bzw. verengt werden und so vielleicht nicht der Freiheitsgebrauch, wohl aber der Schutz vor staatlicher Beeinflussung geschmälert wird.

b) Für den Grundrechtsadressaten

Als Grundrechtsadressat sind hier sowohl Legislative als auch Exekutive gemeinsam zu betrachten, da beim Sonderfall des staatlichen Informationshandelns die Legislative als Exekutive handelt, und zwar entweder als rechtssetzende oder als ausführende.[315]

Wie für den Grundrechtsträger birgt eine uneingeschränkte Ausdehnung des Gesetzesvorbehalts auch für den Grundrechtsadressaten Risiken. Eine unter Totalvorbehalt stehende Verwaltung[316] ist genauso wenig wie der Gesetzgeber in der Lage, die grundgesetzlichen Zielvorgaben des Rechtsstaatsprinzips als Steuerungsmodus für die Freiheitsverträglichkeit von Sicherheit, zu erfüllen.[317] Die Präzisierung der Reichweite der Schutzbereiche als neue Ausgestaltung der Kriterien für den Gesetzesvorbehalt und damit auch als Mittel zur Begrenzung im Sinne von Definieren der Reichweite ebendiesen dient somit der Befähigung von Exekutive und Legislative, ihre sich aus der objektiv-rechtlichen Dimension der Grundrechte ergebenden Schutz-, Gewährleistungs- und Ausgestaltungspflichten wahrnehmen zu können.[318] Insbesondere fördert es für den Bereich des informalen Staatshandelns unter dem Aspekt der Sicherstellung einer informationellen Grundversorgung die Möglichkeit staatlicher Informationstätigkeit, um strukturellen Informationsungleichgewichten, auch und vor allem auf dem Gebiet des wirtschaftlichen Wettbewerbs[319], entgegenzuwirken und die hieraus sich ergebenden Ungewissheiten und Gefährdungen zu verhindern.[320] Gleichzeitig ergibt sich aus der konsequenten Verfolgung des aus den Aussagen des BVerfGs entwickelten Ansatzes[321], die Feststellung der vollumfänglichen Geltung des Gesetzesvorbehalts für mittelbar-faktische Beeinträchtigungen und somit auch die Notwendigkeit einer gesetzlichen Ermächtigung[322], wenn

---

[315] Ibler, 2001, S. 160.
[316] Tettinger, in DVBl, 1999, C.IV.2.
[317] Callies, in DVBl, 2003, Rn. 1096.
[318] Hoffmann-Riem, in DVBl, 1999, S. III.3; s.a. Gurlit, in DVBl, 2003, Rn. 1126.
[319] Kirchhof, in DVBl, 1999, S. V.4.a).
[320] Augsberg, in DVBl, 2007, Rn. 734.
[321] Hier im Gegensatz zur direkten Aussage des BVerfGs zur Ermächtigung; siehe D.I.1. in dieser Arbeit.
[322] Hoffmann-Riem, in DVBl, 1999, S. III.3.

Verwaltung oder Regierung mit Informationsmaßnahmen in Grundrechte eingreifen.

c) Für die Rechtsprechung

Die vom BVerfG vorgestellte Dogmatik hinsichtlich staatlichen Informationshandelns wurde zwar von der Jurisprudenz größtenteils heftig kritisiert[323] und abgelehnt, von der Rechtsprechung jedoch aufgenommen und in Folgeurteilen angewendet.[324] So wurden in Fällen mit mittelbar-faktischen Auswirkungen staatlicher Maßnahmen die Schutzbereiche intensiver analysiert, um den Gewährleistungsbereich zu bestimmen und so feststellen zu können, ob dieser Schutz vor der fraglichen staatlichen Maßnahme bietet.

Eine Weiterentwicklung des aus den Aussagen des BVerfGs zur Schutzbereichsanalyse entwickelten Ansatzes, wie in dieser Arbeit dargestellt, nämlich ausgehend von der Geltung des Gesetzesvorbehalts auch für mittelbar-faktische Auswirkungen, erfolgte jedoch nicht. Die Rechtsprechung ging auch in Folgeurteilen, wie dem Urteil des BVerwGs zur Scientology – Schutzerklärung, bei dem allerdings das Vorliegen eines funktionalen Äquivalents bejaht und somit die Verfassungswidrigkeit festgestellt wurde, weiter davon aus, dass für mittelbar-faktische Auswirkungen von staatlicher Informationstätigkeit der Gesetzesvorbehalt keine über die Aufgabe der Staatsleitung hinausgehende besondere Ermächtigung durch den Gesetzgeber fordert.[325]

---

[323] Murswiek, in NVwZ, 2003, Rn. 8.
[324] BVerfGE 113,63; 105,275; BVerfG 1 BvR 1241/97.
[325] BVerwG 7 C 20/04, in NJW, 2005 Rn. 1304.

F. Fazit

Das Rechtsstaatsprinzip als Garant für die Souveränität des Rechts[326] gilt als eines der Leitprinzipien und Auslegungsrichtlinie der Verfassung, einer Verfassung, der als Strukturvorgabe, als inhaltliches Programm mit erheblichen Gestaltungsoptionen ein großes Maß an Offenheit für den Wandel und zur Zukunftsgestaltung immanent ist.[327] Um diese normative Kraft der Verfassung[328] für die Zukunft zu erhalten, ist es Aufgabe der Anwender und Verfassungsinterpreten, diesen Wandel in Form von Ausgestaltung solch elementarer Prinzipien wie des Gesetzesvorbehalts als Bestandteil des Rechtsstaatsprinzips zu gewährleisten. Die Rechtsprechung, hier insbesondere das BVerfG als Hüter der Verfassung[329] mit der Souveränität der Interpretationsbefugnis des zur Auslegung der Verfassung Berufenen[330] gestaltet dabei in jedem ihrer Beschlüsse das Rechtsstaatsprinzip, durch bloße Anwendung der Institute und Regeln dieser dogmatischen Vorgabe, aufs Neue. Es ist jedoch ebenfalls Aufgabe der Rechtsprechung, durch Beschlüsse, im Idealfall aufbauend auf die Erkenntnisse der Rechtswissenschaft, auf neue Herausforderungen, wie sie mit der Entwicklung der Informationsgesellschaft einhergingen, durch Ausgestaltung in Form von neuen Interpretationen bzw. Auslegungen der flexibel gestalteten Verfassungsnormen und damit auch der Modifizierung der Auslegungsrichtlinie zu reagieren.

Vor dem Hintergrund, dass der Rohstoff Information immer mehr als zentrales Steuerungsinstrument des Gewährleistungsstaates an Bedeutung gewonnen hat[331] und daher im Bereich mittelbar-faktischer Auswirkungen staatlicher Informationstätigkeit auf Grundrechtsträger zukünftig ein Schwerpunkt staatlicher Regulierung zu erwarten ist[332], haben Lehre und Rechtsprechung bei der Neuausrichtung der Dogmatik zur Gestaltung des Gesetzesvorbehalts den Schwerpunkt auf die Entwicklung des modernen Eingriffsbegriffs und eine Modifizierung der Wirkweise des Gesetzesvorbehalts gelegt, was letztlich jedoch zu keinem konsensfähigen, den rechtsstaatlichen Ansprüchen genügenden Ergebnis geführt hat. Die Rechtsprechung wurde gerade auf dem Gebiet mittelbar-faktischer Beeinträchtigungen für ergebnisorientierte Urteilsbegründungen, die den

---

[326] Sobota, 1997, S. 449.
[327] Hoffmann-Riem, in DVBl, 1999, IV; s.a. Wülfing, 1981, S. 58 f..
[328] Schneider, Hesse, 1990, S. 44.
[329] Wülfing, 1981, S. 24.
[330] Vorländer, Schaal, 2005, S. 14.
[331] Lenski, in ZfS, 2008, I.
[332] Augsberg, in DVBl, 2007, Rn. 741; s.a. Spiecker, in DVBl, 2007, Rn. 1083.

Gesetzesvorbehalt durch eine Ermächtigung der Exekutive mit Richtervorbehalt[333], auszuüben letztlich mittels subjektiver Abwägungsstrukturen durch die Richter, kritisiert.[334] Im Glykol – Urteil[335] hat die Rechtsprechung nun die Unterscheidung zwischen Schutzbereich und Gewährleistung des in Art. 12 I GG normierten Grundrechts eingeführt[336] und so eine Debatte um eine Neubestimmung der grundrechtlichen Schutzbereiche ausgelöst,[337] die allerdings nicht neu ist, sondern schon 1981 im Hinblick auf faktische Beeinträchtigungen gefordert wurde. [338]

Für die rechtsstaatlich intendierten Zielsetzungen des Gesetzesvorbehalts wie Rechtsbindung und Rechtssicherheit sowohl für Grundrechtsträger als auch Grundrechtsadressat kann dieser Ansatz als eine (nach dem Spezifitätsgrundsatz) differenzierende[339], die neuen staatlichen Handlungsformen erfassende und damit weiterentwickelnde Ausgestaltung des Rechtsstaatsprinzips gesehen werden. Mit der Integrierung des „neuen" dogmatischen Instituts „Gewährleistungsbereich" in die Prüfungsdogmatik auf der Prüfstufe des Schutzbereichs kann auf die besonderen Herausforderungen der neuen staatlichen Handlungsformen mit den Mitteln der anerkannten Grundrechtsdogmatik[340] reagiert und kann die objektiv-rechtliche Dimension der Grundrechte angemessen und als rationales Kriterium im Bereich des Grundrechtstatbestandes und nicht im Rahmen der Abwägung als kollidierende Schranke integriert werden.

Der Gesetzesvorbehalt, seine Reichweite und die Bedingungen seiner Geltungskraft werden so an objektivierbare Kriterien gekoppelt und seine Gültigkeit auch für mittelbar – faktische Auswirkungen bleibt erhalten.

Mit der intensivierten Analyse des Schutzbereichs, die Grundlage der hier angestellten Überlegungen ist, wurden dogmatische Strukturen durchbrochen und das überkommene Prüfschema in Frage gestellt, was große Kritik hervorgerufen hat.

Dass aber „die einen mehr entscheiden dürfen als die andern, macht sie weder klüger noch weniger kritikbedürftig, bloß mächtiger." [341] Gerade deshalb ist es daher wichtig, dass die Dogmatik diesen Ansätzen nicht nur kritisch und teilweise

---

[333] Böckenförde,1989, S. 18.
[334] Lege, in DVBl, 2007, Rn. 1060; Tettinger, in DVBl, 1999, C.IV.2.
[335] BVerfGE 105, 252, in NJW, 2002.
[336] Rusteberg, 2009, S. 85.
[337] Ders., ebd., 2009, S. 77.
[338] Ramsauer, in VA, 1981, S. 106.
[339] Sobota, 1997, S. 419.
[340] Gusy, in NJW, 2000, Rn. 986.
[341] Lege, in DVBl, 2007, Rn. 1062.

verurteilend gegenübersteht, sondern auch konstruktiv hinterfragt und Ansätze weiterentwickelt, um der Rechtsprechung sachlichen Rückhalt zu bieten.

Das Glykol – Urteil bietet in der Schutzbereichsanalyse verfolgenswerte Ansätze für die dargestellten Überlegungen, verfolgt diese im Argumentationskomplex und der Subsumtion aber selbst nicht konsequent, da es auch weiterhin die Grundhaltung vertritt, dass der Gesetzesvorbehalt bei mittelbar – faktischen Beeinträchtigungen nur geschwächt gilt, was dem oben dargestellten Ansatz eigentlich widerspricht und vielleicht auch daher nicht ausführlich in der Urteilsbegründung behandelt wird.

Dass dieser Haltung nicht nur von der Rechtswissenschaft nicht gefolgt wird und dass von den rechtsstaatlichen Anforderungen des Gesetzesvorbehalts keine Abstriche gemacht werden dürfen, zeigt, entgegen der vom BVerfG vertretenen Ansicht, dass eine solche Ermächtigungsgrundlage nicht notwendig sei, der spätere Erlass des Verbraucherinformationsgesetzes als Ermächtigungsgrundlage für staatliche Informationstätigkeit.

"In Frage steht nicht die Tauglichkeit des Grundgesetzes, auch für veränderte Lagen gewappnet zu sein. Gefordert ist aber die Zukunftsfähigkeit derjenigen, die das Grundgesetz ... vorfinden. Sie haben die Chance, es durch ihre praktische Politik, eine moderne Grundrechtsdogmatik und eine realitätsgerechte Verfassungspraxis so auszufüllen, dass seine Zukunftskraft wirkungsvoll genutzt werden kann."[342]

---

[342] Hoffmann-Riem, in DVBl, 1999, IV.

Autorenprofil

Elke Rottmann, Jahrgang 1971 und heute Mutter von zwei Töchtern, verbrachte ihre Kindheit und Jugend in Thüringen. Im Zuge der Wiedervereinigung musste sie das begonnene Studium an der TU Ilmenau abbrechen und absolvierte eine Ausbildung zur Hotelfachfrau in Nordrhein-Westfalen. Nach mehreren beruflichen Stationen in der Privat- und Kettenhotellerie startete sie als eine der damals jüngsten Hoteldirektoren Deutschlands ihre Tätigkeit für die Steigenberger Hotel Group. Mit ihrem Umzug nach Baden-Württemberg widmete sich Elke Rottmann verstärkt der Beratungstätigkeit und begann nebenberuflich ein juristisches Studium. Von der analytisch-logisch aufgebauten Struktur der juristischen Materie von Anfang an fasziniert, entwickelte sie frühzeitig ein besonderes Interesse an der Thematik der Grundrechte und der Grundrechtsdogmatik. In dieser Studie stellt sie nicht nur grundlegende Annahmen und Interpretationen des Glykol-Urteils vom Bundesverfassungsgericht und des hochbrisanten Bereich des staatlichen Informationshandelns in Frage, sondern entwickelt selbst einen grundrechts-dogmatischen Ansatz zur Behandlung mittelbar-faktischer Beeinträchtigungen. Heute beschäftigt sich Elke Rottmann vorrangig mit den Themen „Mediative Führungskompetenz" und „Mediativer Kommunikationsansatz" als grundlegende Basis für eine innovative und erfolgreiche Unternehmenskultur.